10堂礼仪课

让你的孩子更受欢迎

邵珊　张晓光/著

中国妇女出版社

图书在版编目（CIP）数据

10堂礼仪课让你的孩子更受欢迎 / 邵珊，张晓光著
. -- 北京 ：中国妇女出版社，2022.5
ISBN 978-7-5127-2121-0

Ⅰ.①1… Ⅱ.①邵… ②张… Ⅲ.①礼仪－儿童读物
Ⅳ. ①K891.26-49

中国版本图书馆CIP数据核字（2022）第057480号

责任编辑：朱丽丽　张　于
封面设计：蒋宏工作室
责任印制：李志国

出版发行：中国妇女出版社
地　　址：北京市东城区史家胡同甲24号　　邮政编码：100010
电　　话：（010）65133160（发行部）　　65133161（邮购）
邮　　箱：zgfncbs@womenbooks.cn
法律顾问：北京市道可特律师事务所
经　　销：各地新华书店
印　　刷：北京通州皇家印刷厂

开　　本：165mm×235mm　1/16
印　　张：13
字　　数：160千字
版　　次：2022年5月第1版　　2022年5月第1次印刷
定　　价：49.80元

如有印装错误，请与发行部联系

PREFACE 自序

懂礼仪的孩子更受欢迎

礼仪是律己、敬人的一种行为规范，是表现对他人尊重和理解的过程和手段。儒家经典《礼记·大学》中提出“修身、齐家、治国、平天下”，用以指导古人进行自我修炼。其中，修身指修养身心，在日常行为中择善而从，博学于文，并约之以礼。所以，中国人崇尚与人为善。这种将心比心和换位思考是几千年的耳濡目染、道德习得，也是礼仪的精髓所在。

当今社会，每个家长都希望自己的孩子健康、快乐地成长，但成长过程中家长也会发现很多问题。比如，孩子的行为习惯不好，孩子不知如何与同学相处，孩子不知道尊重长辈，等等。

于是我们决定教孩子礼仪，或者送孩子去礼仪班、礼仪夏令营学习礼仪。

但是儿童的礼仪大多源于家庭教育，也就是我们所说的“家教”。好的家教多源于父母的言传身教，但有的家长说：“不行，不行。我们小时候，父母都没教过我们，我们自己都不知道这些礼数，怎么教孩子呀？还是让孩子出去学吧！”可是孩子三天学会了，架不住他回到家中三十天、三百天的耳濡目染父母的行为，所以这本礼仪书既是写给孩子的，又是写给父母的，希望年轻的父母以及祖父母们可以和孩子一起阅读、学习，共同探讨儿童礼仪这个话题。家长在家里对孩子礼仪的提点大概是看到什么说什么，没有看到、想到的也就不说了，希望这本书能为家长对孩子的礼仪教育带来一些参考和帮助。

礼仪、素养的学习不同于其他，并不是高学历、高收入的父母，就一定能培养出彬彬有礼的孩子。谁也不能通过背诵一本“礼仪大全”而一下子成为人人称赞的礼仪楷模；谁也不能指望给孩子报一两个礼仪夏令营，孩子就能成为体恤他人的懂事少年。礼仪学习，是一种终身成长的自我修行，有父母作为榜样和陪伴，才能长久和持续。一旦开启礼仪学习，便会受益终身，每天哪怕了解一点点，这份内心的丰盈和外在的变化，都会让我们和孩子察觉到人与人之间关系的美好和温暖。

在社会交往中，如果你没有礼数，不懂规矩，处处表现得很失礼，你会从对方的眼神中感受到一丝轻视甚至鄙视，所以我们会努力地学习礼仪，为的是不让自己在这样的场合因失礼而被人笑话。那么，我们学会礼仪之后，是不是就有了笑话别人的权利和资格呢？我想这应该不是礼仪真正的精髓所在。好的礼仪一定是让自己和对方都感到轻松和愉悦，就算在对方失礼的情形下也不让对方感到尴尬，这才是真正的修养。有礼但不挑礼。礼仪不是要“我好，你不好”，而是“我好，你也好”。

在儿童礼仪这个领域，我们辛勤耕耘了八年，不断地迭代课程，同时也遇到了形形色色的家长和孩子。我们欣喜地看到孩子的变化和家长的努力，更欣喜地感受到国人素质的整体提升，看到我们做的是一件很有意思也很有意义的事情。

2022年立春，首都北京举办了盛大的冬季奥运会开幕式。“春风如贵客，一到便繁华。”立春诗句的美好寓意，表达了泱泱大国礼仪之邦对世界人民的竭诚欢迎之情。就像奥运会开幕式总导演张艺谋说的那样：“中国人跟所有人都一样，那么真诚、那么善良，那么爱美、那么浪漫。希望大家都好。”

是的，我们都会更好！

邵珊 张晓光

CONTENTS

目录

第三章　培养孩子的社交礼仪

第四章　培养孩子的公共场所礼仪

第五章　培养孩子的餐桌礼仪

第六章　培养孩子的旅行礼仪

第七章　培养孩子的家庭礼仪

第八章　培养孩子的校园礼仪

第九章　女生要懂的那些礼仪

第十章　男生要懂的那些礼仪

第　一　章

我们为什么要学礼仪

什么是儿童礼仪

每当我对家长说我教的是儿童礼仪时，家长都会瞪大眼睛问：“儿童也需要学礼仪吗？我只听说过公务礼仪、外事礼仪、服务礼仪等，从没有听说过儿童礼仪。”

继而我问：“您听说过‘家教’一词吧？”

“这个听说过，有的家里妈妈教了，孩子照着做了，我们就说这孩子真有家教；有的家里妈妈没教，孩子出门做得不好，会被人说成没家教。”其中一个家长说。

“比如说？”我继续问道。

“比如，长辈给你盛饭，你要起身双手接过来，说‘谢谢’。”

“比如，女孩子坐着的时候要双腿并拢。”

“还有，去别人家里不能坐床上。”

家长们七嘴八舌地说道。

是的，儿童礼仪其实就是我们过去说的“家教”，它有别于公务礼仪、商务礼仪、服务礼仪这些成人的礼仪。儿童礼仪是教育、是养成，需要一个相对漫长的过程。

成人礼仪更多教的是“术”，是形式上的东西：门怎么开，杯子怎么拿，怎么握手，怎么介绍。而儿童礼仪更多教的是“道”，是内在的东西：品行、素养，以及形成这些礼仪背后的道理和原因。比如，尊老、谦卑、诚信、讲规则，它更是一些美德的养成。

说到这里，我们要提到“礼仪的精髓”。

好的礼仪一定是让自己和对方都感到轻松与愉悦，因为尊重对方而让自己的行为做到得体。就算在对方失礼的情形下也不让对方感到尴尬，才是真正的教养。

下面这个众所周知的故事，经典地诠释了这个道理。

英国王室在伦敦为印度当地的居民首领举办了一场宴会，宴会进行得很顺利，当最后一道餐点结束时，侍者为每个人端来一盘洗手水。精巧的银盘装着清澈的凉水，印度客人不由分说，端起盘子把水“咕咚咕咚”全喝光了。一旁作陪的贵族们个个目瞪口呆。宴会主人是当时还是王子的温莎公爵，只见他依旧谈笑风生，徐徐地将面前的“洗手水”一饮而尽。这时坐在一旁的众人也纷纷把面前的“洗手水”喝光，一场即将引发的难堪与尴尬就这样化解于无形之中。

有涵养的人懂得体谅他人的窘境，有智慧的人善于化解别人的尴尬。

礼仪从表面上看是教人怎么站、怎么坐、怎么吃、怎么行，而骨子里却是培养一个人能站在他人立场考虑问题的能力。懂礼仪的人不会只顾自己的喜好，而是会为他人着想，给他人方便。

礼仪是让人用感恩的心和欣赏的眼光看待他人，从而收获更多的友谊和幸福感。

礼仪表面上看是让孩子不那么随心所欲，有一定的约束，实则是对他人内心的尊重，不给别人添麻烦，不打扰别人。

总之，礼仪不是让人觉得面子光鲜，只为了给人留个好印象，或是为了把事情做成而拉近关系。礼仪的精髓是尊重他人、关怀他人而做到自己行为举止的得体。

你的孩子为什么要学礼仪

有一次，我问一位妈妈为什么让孩子学礼仪，她说她不希望自己孩子长大后成为异类。这话有道理，但不全面。我总结了一下学礼仪对孩子的八大好处。

第一，懂礼仪的孩子更受欢迎

懂礼仪的孩子会受到更多人的喜爱，而一个被众人接纳程度高的孩子更容易建立良好的人际关系，也更自信。这不仅有利于他今后学业、事业的发展，也会大大提高孩子的幸福感。比如，见到老师会鞠躬，上台表演落落大方，平日里又不失幽默和机灵，最重要的是他们会体恤那些比他们小的、需要帮助的同学，在付出的同时他们同样会收获尊重和欣赏。而那些经常抢别人东西的，收到礼物会直接问多少钱的，看到不如自己的同伴就会嘲讽、挖苦的孩子，都是不受欢迎的。

第二，懂礼仪有教养的孩子在未来会更有竞争力

未来考察一个孩子的标准一定是他的综合素质，而不仅仅是他的技能。我曾经在一档电视节目的录制现场，看到一位能力非常强的小选手落选。原因就是他在团体比赛中，没有团队精神，总想突出自己，完全不考虑他人的感受和团队的利益，最后被淘汰出局。好的教养在不经意中会成为孩子强有力的竞争力。

第三，学过礼仪的孩子不怯场

你不知道你的孩子以后会遇到什么样的机会和场合，学过

礼仪的孩子在关键时刻知道该怎么做，不怯场。我的礼仪班有一个小学员，她后来有幸作为中国少年儿童代表之一去钓鱼台国宾馆陪同各国首脑夫人吃饭。宴会结束后，她兴奋地对妈妈说："幸亏我之前学习了用餐礼仪，今天我做得特别好，一点儿也没有给国家丢脸。"

第四，从小学礼仪的孩子说话做事更有分寸感，出言有尺，嬉闹有度

学过礼仪的孩子去人家做客时不会说"阿姨，你家房子好小""叔叔，你长得真丑""奶奶，你做的饭真难吃"等话语。一个有教养的孩子一定会有恰到好处的分寸感，不会出言不逊，让人难堪。

第五，从小学习礼仪的孩子更善良

即使本性没有那么随和的孩子也会在不断地学习、教化中懂得体谅他人，不会太恶。善良的人福虽不至，祸已远离，善良就像一场轮回，生命中你所付出的善意和爱，都会以另一种方式归来。

第六，从小学习礼仪的孩子包容性更强，不会太偏执

很多人害怕和学过礼仪的人在一起，会觉得不自在，原因

是有些人做得好了、有礼了，他就会挑理，挑你做得不好的地方。真正学好礼仪的孩子不会这样，因为礼仪的精髓是尊重。另外，学习了国际礼仪，孩子会更有格局、更有见识。所谓具备大格局的人，是因为看到过世界之大、世界之不同，所以才更能接纳差异。当生活中出现不同时，不会马上认为别人是不对的，而是会认为可能是自己的阅历、见识、认知范围还没涉猎，自己可以再了解一下，重新思考一下，往往认知层次越低的人越偏执。

第七，从小学习礼仪的孩子会更好地控制自己的情绪

一个人修养的好坏不光体现在他高兴的时候，更体现在他生气的时候，这个除了天生的性格外，还有后天的训练。孩子应该学会如何控制自己的情绪，合理地表达情绪。沟通中的很多问题，90% 来自情绪。在我们榆林的礼仪夏令营中，有个男生代表来和我谈判，要求给男生换窑洞。他不急不恼，有理有利有节地表达了他们的需求，最终替男生赢得了属于他们的权益。

第八，从小接受过礼仪教育的孩子，青春期不会太出格

因为礼仪要求比一般的生活要求高一些，起点高的孩子即使在特殊阶段叛逆也不会太出格，因为他心里的底线比较高，

即便青春期叛逆，叛逆期过后，他依旧会回归风度翩翩、儒雅谦逊的状态，因为小时候学的东西会长在骨子里。

儿童礼仪应该几岁学？学什么

很多家长问我孩子几岁学礼仪合适，有的家长说："孩子三岁我就教他礼仪，因为有句老话说得好，'三岁看大，七岁看老'，所以我要从小给他立规矩。"他说得一点儿没错，但是教儿童礼仪要注意方式方法。

孩子太小的时候，你让他"坐有坐相，站有站相"是不太符合儿童的身体和心理发展规律的。首先他的神经系统的兴奋和抑制还没有完全发育好，他根本坐不住。

我们礼仪班有的家长非要把 5 岁的孩子送进来，结果孩子每 15 分钟就会问："老师，怎么还不下课？"有的孩子干脆坐着坐着就起身满教室瞎溜达，他的大脑神经中枢不能控制他的行为，连坐都坐不住的孩子谈何坐姿？所以在这个问题上，我们不要拔苗助长。

另外，即使是比较乖的、坐得住的孩子也不建议很小来礼仪班学习，因为孩子在 0 ~ 6 岁这个阶段，需要有一个灵动的身体，需要跟外界各种事物多接触。因此，这段时间“皮”一点儿、淘气一点儿是好的，十个手指接触的东西越多，大脑神经系统发育才越健全，孩子才会越聪明。但并不是说这个阶段孩子就不用学礼仪了。而是这个阶段的礼仪学习是通过父母的榜样来习得的。就是你不必刻意地教孩子什么，而是你自己各方面都做得很好：出门和邻居打招呼，看见老人帮助老人扶一下门，开车带孩子去幼儿园不随意鸣笛，不往窗外扔东西。你所做的一切孩子都看在眼里，很多时候，只要父母做好了，孩子以后不必教，他自然就会这么做，他会自然习得他所看到的东西。

6 岁以后孩子上学了，他的神经系统发育完善，可以坐半小时以上了，这时我们教坐姿、站姿、走姿才是合适的时候。另外，五六岁时孩子的道德和规则意识也开始建立，我们可以给他灌输一些做人做事的道理了。

那么，儿童礼仪学什么呢？首先是形，然后是术，最后是道。

形——好的站姿、坐姿、走姿，好的气质首先源于好的形体。

术——具体的方式方法。比如，筷子怎么拿，门怎么开，祝福话怎么说，等等。

道——礼仪的精髓。儿童礼仪不光要让孩子学“术”，还要教孩子学“道”。那就是礼仪的精髓——如何站在他人的角度考虑问题，并因为尊重他人而做到自己行为、举止得体。礼仪学习的是一种关系，一种看世界的角度和对待生活的态度。

儿童礼仪与儿童心理的关系

我刚开始办礼仪班的时候，很多家长会把有行为偏差的孩子送来，他们说："老师，这些坏习惯，我们做家长的怎么让他改他都改不掉，没办法，只好送到您这里来了。"

班里有一个 8 岁的男孩，不停地吃手，而且是 4 个手指头一起吃。我几次帮他从口中拿出来，孩子也很无奈地说："老师，我实在控制不住。"下课后我和他的父母说："上礼仪班，是改不掉他吃手的毛病的。因为这个毛病是孩子在 0—1 岁时的口腔敏感期没有发育好。0—1 岁这个时候孩子是用口腔来感知这个世界的，孩子会不停地吃手，如果你不让吃，那么他的口腔敏感期就会固着，一直停在那里，现在 8 岁了还在吃。这时候我们可能就要用一些特殊的方式来纠正，这不是礼仪班的教学内容。"

还有的孩子不和人打招呼，并不是他不知道要和老师打招呼，不懂礼貌，而是他没有这个能力。这个能力或许和他的性格和语言表达都有关系。

还有的孩子一刻都坐不住，这不属于坐姿不好的问题，而是多动，或者属于感觉统合失调的问题，他们不应该来礼仪班，而应该去感觉统合训练营。

还有的孩子不能控制自己的情绪，动不动就发脾气，甚至有暴力倾向，总打人，这是孩子的安全感和家庭教养方式出了问题，光靠礼仪教育是不够的。

礼仪班里的孩子，有些问题属于礼貌问题，有些问题属于行为偏差问题，那是心理问题。孩子的偏差行为背后是有心理动因的，我们只有找出形成这些偏差行为背后的心理动因，以及形成这些心理动因背后的家庭教养环境及教养模式，改变它们，才可能彻底改掉孩子身上的毛病。如果一味纠正行为，效果甚微。

儿童礼仪与儿童性格的关系

在儿童礼仪方面，家长会遇到各种各样的问题，有的家长抱怨自己的孩子说话直接、粗鲁、没有礼貌，有的家长说自己的孩子简直就是一个“人来疯”，有的家长嫌自己的孩子不说话、不叫人，有的家长担心自己的孩子总让着别人会受委屈。

其实这些看似礼仪上的表现都和他们的性格有密切的关系。

如果按色彩分类，孩子的性格大致分黄、红、绿、蓝四种颜色。

黄色性格的孩子大胆、自信，有很强的掌控欲。他们很上进，但在礼仪上会有很多不足。他们经常以自我为中心，不太考虑他人感受，并且说话直接、鲁莽，常常会伤到别人。

针对黄色性格的孩子，家长带孩子出门的时候要给他立规矩，什么能做，什么不能做，要直接告诉他，要常常告诫他们心中要有他人。

红色性格的孩子热情、开朗、风趣、幽默。他们能言善辩，是人群里的“开心果”。但是很多时候他们没有边界感，见了客人会“人来疯”，做事也不太靠谱。

针对红色性格的孩子，家长带其出门的时候要让他们先表演，因为他们有极强的表现欲，展示完了，他们就安静了。并且要告诉孩子你的随意恰恰是别人介意的地方，要学会尊重别人，借了别人的东西一定要记得还。

绿色性格的孩子温暖、平和，富有团队精神，他们是在礼仪方面表现最好的一类孩子，总是会本能地替他人着想，但他们容易委屈自己并且喜欢随波逐流。

针对绿色性格的孩子，家长要告诉他们，在尊重别人的同时也要尊重自己的感受并且学会拒绝。

蓝色性格的孩子遵守规则、做事认真，是完美主义者。他们喜欢独处，与人交往不主动、不热情，不太喜欢社交，有时带他们出门他们也不愿意和大家打招呼。

针对蓝色性格的孩子，告诉他们礼貌的底线是与人打招呼，但不勉强他们做他们做不到的事情，比如当众表演才艺，否则下次他们会不愿意和你出门。

儿童礼仪与通识教育

我们不光要教孩子礼仪，还要教孩子形成这些礼仪背后的东西，这就是通识教育。因为很多无礼缘于无知。看得懂名画的人会比看不懂名画的人更在意参观美术馆、博物馆的礼仪。

通识教育可以让孩子变得更全面，也更有幸福感。试想，听一场交响乐，听得懂的人和听不懂的人，哪一个更享受？几十年前很多人都是音盲，好不容易有机会听一场音乐会，可听着听着就睡着了。现在许多孩子从小会学习一种乐器，周末父母也会经常带他们去听音乐会。很多孩子在音乐会上听得非常投入，有的甚至哪里有个错音都能听出来，这种酣畅淋漓的感觉大大提升了孩子们的幸福感。

通识教育不需要精，只需要博。精可以让一个人成为某一领域的专家、能手，而博只是让一个普通人变得更有素养、更有情趣、更有欣赏力。

当一个孩子建立了跨界的思维模式，他的学习能力也会变得立体。因为很多知识都是相互连接的，认知越广的孩子越容易触类旁通。

通识教育的最终目的是让孩子因为礼仪学习而更加了解音乐、美术、体育、历史、社会，从而真正体会到生命以及成长的过程是如此的精彩和美好，而不只是拿到录取通知书那一刻的欢愉！通识教育是一个漫长的、不断输入的过程，不可能一蹴而就，它或许会伴随孩子一生。

家长如何教孩子懂礼仪

用家长的言传身教影响孩子

我们常常会看到现在的孩子身上有很多不好的习惯：在公共场所跑来跑去，大声喊叫；回家第一件事就是喊“我饿了，我饿了”，却忘记和长辈、父母打招呼；去同学家做客，进门就说“你家好小哦，连钢琴都没有”；坐在私家车里，不停地向车窗外扔垃圾；吃饭时爱吃的菜夹个没完，或者干脆端到自己跟前，完全不顾别人吃不吃。

其实这和他们父母的言行有很大的关系。很少看到修养很好的大人带出来的孩子很粗鲁。你出门时会给后面的人扶一下门，以后你的孩子也会这样；长辈给你盛饭时，你会站起身双手接过并说“谢谢”，以后你的孩子也会这样；倒垃圾时你会不怕麻烦地挨个分类，以后你的孩子也会这样。

有时我们会觉得孩子对老人说话没大没小，那是因为我们和父母说话时常常不耐烦、不爱听，我们都不尊重他们，孩子看在眼里，怎么会尊重他们呢？因此，礼仪的教育是家庭浸润式教育，有时父母即使没有刻意去教，孩子也会做得很好。

让孩子在故事、绘本中学礼仪

有一句话说得特别好：“世界是在对话中产生的，孩子是在故事中长大的。”对小一点儿的孩子来说，道理理解起来会感到晦涩，不能完全理解，但故事有情节、有笑点，孩子会在愉悦和期待中潜移默化地学习某些道理。

正向引导，把“不”改成“要”

我们有时会大声地呵斥孩子，吃饭不要吧唧嘴，说话不要没大没小，不要乱发脾气，不要总和人家攀比。不要这样，不要那样……

其实孩子就像杯子里的水，很多时候家长是在不停地倒掉杯子里的脏水，而礼仪的学习是倡导不断地给孩子注入新鲜的活水，与其每天批评他不该做什么，不如用自己的言行告诉孩子该做什么。强化你想给他的，弱化你不想让他拥有的。与其天天对他说“不要驼背”，不如让他每天练习 3 分钟九点站立；与其天天和他嚷嚷，不如和他好好说话，让他知道什么叫和颜悦色。

孩子就是这样，你越强化什么，他越学习什么。

在生活中创造仪式感

如果问很多女性，你印象最深的事情是什么？她们大多回答是婚礼。因为那天有个隆重的、非同寻常的仪式。有仪式的日子总会让人难以忘怀，因为它有别于平常的时刻。多一些仪式感会让生活更有意义和趣味，会让那个重要时刻的前一刻充满期待，后一刻充满回味。

有时，我们吐槽直男恋爱时情商太低，不懂浪漫，那是因为小时候看见的惊喜太少，经历的仪式太少。爱是一种能力，这种能力更多源于家庭的传承。

因此，给每个家庭成员举办生日会，每个时令节气大家都吃该吃的食物，每年春节全家去照一张全家福，满满的仪式感会让孩子的幸福感直线上升。

儿童礼仪教育中最重要的是家庭礼仪教育

在上家庭礼仪课时，我问一个同学："你们平时去看望爷爷奶奶吗？我们要不要尊重爷爷奶奶呢？"一个同学张嘴就说："我爷爷又老、又丑、又笨，连手机都不会玩，我为什么要尊重他？"我顿时瞠目结舌。

对长辈的尊重要从对长辈的了解开始。给孩子讲家族的故事，让孩子在故事中了解社会、历史，在家族中获取力量和学会敬畏。家长可以教孩子写家谱、看老照片、聊家族史，让孩子感受到生命的传承、人性的温暖以及感恩后的回馈。

20条礼仪让你的孩子在举手投足间展现良好的教养

■ 请安、问候

早上起床要对父母说："爸爸妈妈早上好！"睡前要对爸爸妈妈说："晚安。"放学回家要说："妈妈，我回来了。"出门时要说："妈妈，我去 ×× 家，一会儿就回来。"见到老师和同学要问候，饭店里的店员、服务员对你说"你好！"，一定要回答人家"你好！"。给家人请安，向外人问好，是最起码的礼貌。

■ 和别人说话要有称呼

无论是说话还是发微信都要称呼别人，不能直接说："你在哪儿？"礼仪班里有一个小朋友每次和老师说话时，都敲着桌子说："哎哎，我要发言。"没有称呼直接说话会显得非常没有教养。

■ 表达谢意

得到别人的帮助时，要眼睛看着人家，说"谢谢"；别人给你倒水时，说"谢谢"的同时要用手扶一下杯子；如果别人给予你非常大的帮助，要鞠躬表示感谢；要把感谢表达出来，父亲节、母亲节要对父母表示感谢；毕业了，要对老师行谢师礼。

■ 劳烦别人时要说"不好意思，麻烦您！"

问路时，让别人起身时，向别人借东西时，叫服务员时，都要在前面加一句敬语，比如"不好意思，麻烦您问一下"。

■ 给别人带来麻烦和伤害时要说"对不起"

走路不小心碰到别人时，约会迟到时，自己把事情做砸时，给别人带来伤害时，要对别人真诚地说"对不起"，并鞠躬表示道歉。

■ 不说脏话、不爆粗口

任何时候不说脏话，不爆粗口，不做不雅的动作，尤其是男孩。你骂别人时好像自己痛快了，其实无形中暴露了自己没有教养。说脏话会成为一种习惯，少年时养成这种习惯不好改，说脏话不是“酷”的表现。

■ 排队

人多的地方要排队，排队要从队尾排，不可以从中间插队。

■ 扶门

进门、出门时，看到后面还有人，给后面的人扶一下门。

■ 文明照相

别人照相时，不要从镜头前穿过，等别人照完后再走；不踩踏在建筑物或雕塑上照相。

■ 不制造噪声、不大声喧哗

在飞机、高铁上看动画片，不要把声音开得很大，那样会吵到别人，把声音放小，或者干脆戴上耳机；聊天时小声说话，两个人可以听到就好。小声说话是一种教养。

■ 不弄脏公物

在飞机、高铁、出租车上不蹬前面的座椅，不把干净的座椅踩脏。

使用礼貌手势

不用食指指别人——不友好，不用大拇指向后指——匪气，不做兰花指——轻佻。

双手递、接物品

别人给你递东西的时候要双手接，你给别人递东西的时候也要双手递。递刀或剪刀时，要把刀背和剪刀把儿冲着别人。

参观博物馆、美术馆要保持安静

参观博物馆、美术馆不可以四处奔跑，大声吵闹；不可以触碰展品。

不迟到

和别人约会或参加任何活动不迟到、不早退。迟到是在浪费别人的生命，如果突发意外情况或者堵车，一定要提前告诉人家。

不对服务员大声吼叫

尊重服务员的劳动，有需求时礼貌提出，不对服务员大声吼叫。

用餐时敬让长辈

入座时，让长辈坐主座；吃饭时，长辈动筷，晚辈才可以动筷；和长辈碰杯的时候，杯口要在长辈杯口的下方。

帮助他人

别人有困难时，应上前询问，能帮忙的及时帮忙，不要很冷漠地站在一边。

礼貌做客

去人家做客要叫人、要带礼物，不经主人允许不可以乱动别人的东西，离开时要感谢叔叔阿姨的热情款待。

热情待客

有同学来家里玩要热情招待客人并且照顾到每一个同学的感受。

孩子礼仪学习的三部曲

有的家长反馈说：“孩子课上学会的礼仪，在家坚持了三天，然后又打回原形了怎么办？”我告诉他不要着急，学习礼仪有三个阶段。

第一个阶段是知道与不知道。我曾经问一个小学二年级的孩子：“你为什么要学礼仪呀？”他回答：“我不想因为无知而让别人觉得我无礼。”有些礼数你不说，孩子不知道，比如，吃饭不能吧唧嘴，筷子不能插在米饭上，男生不能打女生，女生坐着的时候要把双腿并上。你告诉他，他就知道了。

第二个阶段是需要的时候能“装”一下。有的家长说孩子学完礼仪后特别会装，觉得不是他的本性流露。那我告诉你，装是因为他心里有，他才装得出来；如果心里没有，什么都不知道，想装都装不出来。

第三个阶段就是装成了习惯。一开始孩子会在老师或者他认为重要的人面前表现得很有礼貌，但时间长了，他装习惯了，平日里他也会这么彬彬有礼地说话，因为做多了变成了习惯。

总之，我认为儿童礼仪要符合时代背景、中国特色，要找到当下中国教育中最痛的点，给予弥补，要古为今用、洋为中用。

那么，这个痛点是什么呢？就是太注重孩子技能的培养，而忽视了素质教育和对生活意义的认识。

孩子们需要学习的是如何生活，如何与人交往，如何对这个世界有悲悯之心，如何在遇到困难甚至灾难时有良好的应对机制，如何成为一个不给社会添麻烦的有为少年。

学习礼仪固然很重要，但我们更需要有个性、有天赋、有生命力的鲜活的孩子，而不是被规矩所束缚的、只记得规条的孩子。礼仪学习更重要的是有意识地培养孩子的分寸感和进退感，知道什么场合做什么事，知道做任何事之前要想一下他人的感受，教育最终的目的是激发出孩子最美好的一面，并养成一种尊重别人的习惯和努力赢得别人尊重的能力。

第 二 章

关注孩子的素质和教养

具有民族情怀

我们要从小培养孩子的民族情怀，就像我们要和自己的父母连接一样。为什么要和父母连接，因为我们的身体里流淌着他们的血液，我们是他们血脉的延续，一个不能和自己父母连接的人，骨子里会活得很拧巴，很多时候做事也很不顺畅。同样的道理，我们也要清楚自己民族的根在哪里，一个和自己民族割裂的人就像一只断了线的风筝，也许会飘得很高，但始终找不到回家的路，心里没有归属感。

说到民族情怀，有几件事情给我的感触很深。

第一件事是我参加德国心理学家海灵格夫妇的工作坊时发生的。他们帮助一个在日本长大、几乎不会说中文的中日混血女孩在中国找到了她另一半的根。海灵格夫人让这个混血女孩看着自己的中国妈妈，一遍又一遍地带着她说："我爱你，中国！我爱你，妈妈！祖国，我回来了！"女孩说着说着，热泪盈眶，一下扑向她的中国妈妈。现场所有人都为之动容，那一刻，你会深刻地感受到和自己民族的连接、和自己祖国的连接竟然是如此美好和踏实。

第二件事是我们在美国旅游的时候，我先生帮我在哥伦比亚大学的校园里拍照，一位教授模样的美国老人主动走过来对我说："我帮你们照个合影吧！"照完合影后我说："谢谢您，您真好！"他居然拉着我的手说："我们每一个美国人都这么好。"

后来，我们在美国奥兰多迪士尼乐园的一个剧场里看演出，演出前，舞台上出现了美国历任总统的塑像，解说员向观众一一解说他们的功绩。这让我又一次明白了美国人为什么那么爱国，因为这种爱国主义教育渗透在方方面面和点点滴滴之中。

还有一次去埃及旅行，虽然埃及并不是一个很发达的国家，但是我们的埃及导游在介绍他的国家时充满了民族自豪感，这让所有的游客为之动容，并对他以及他的国家产生由衷的尊重。

承认自己的民族，尊重自己的民族，以自己的民族为傲，做为民族争光的事，才是一个公民应有的民族情怀。

有一句话说得好，走出国门的游子会更加思念自己的祖国。同样，具有开放价值观的公民会更加理性地爱国。

学会诚信

在诸多中华美德对个人品德的要求中，“诚信”一直居于核心地位。孔子曾经强调，“民无信不立”，只有诚实，才可在与人交往中得到他人的信任。诚信慢慢地会成为习惯。一个人如果身体不好，可以慢慢调养；如果钱没有了，还可以再挣；但如果你的信誉没有了，可能就没有补救的机会了。当一个社会越来越步入正轨的时候，我们必须教育孩子要诚信，否则他以后的路会越走越窄，甚至无路可走。

东汉时期有个贤能的官员叫郭伋，在当时声誉很好。郭伋在并州任职时，一次下去考察，途经西河郡美稷县。当地的孩子们闻讯后，自发地聚集到一起夹道欢迎他。郭伋不知情，就问：“小朋友，你们这是在干什么呀？”孩子们回答说：“听说您要来，我们特来欢迎！”郭伋闻言赶忙下马，一一答谢。在美稷县办完事后，孩子们又闻讯赶来送郭伋，并问他什么时候返回。郭伋立即让随从计算返程的日期，告诉了他们。由于事情办得十分顺利，返回美稷县的日子比预期早了一天，但为了不失信于孩子们，郭伋下令在县城外的野亭露宿一晚，等到第二天才入城。

郭伋说到做到，信守承诺，不仅受到人们的尊敬，也给孩子们树立了很好的榜样。

学会守规则

有一些人的规则意识比较淡薄，即使很多地方有这样那样的规定，也会因为监管力度不强，民众自身的约束力不够，而屡屡犯规。可悲的是，很多家长看见自己的孩子违规没有被惩罚的时候不仅没有感到不安，反而还有一丝欣喜，觉得自己的孩子真聪明，不迂腐。是的，在生活中，一定要很灵活，这样才能办成事；直到有一天有人在野生动物园私自下车被老虎吃掉，人们才知道原来规则是要遵守的，规则是用来保护自己的，但我们不守规则的意识已经成了一种习惯。

相对于不讲规则的人，似乎讲规则的人会吃亏。孩子会说，为什么我在这里排队等很久都没有买到，他们插队一分钟就买到了？为什么我复习了这么久都没有他们打小抄考的分高？为什么马路上明明没人，我还要在这里傻傻地等红绿灯？不要去计较那些侥幸，因为生活中不会总有侥幸。

还有的孩子会说讲规则就失去自由了，殊不知，有规则才是对自由最好的保护。试想，你敢在没有红绿灯的马路上开车吗？你敢让孩子在没有围挡的高层建筑上乱跑吗？规则的制定常常源于血的教训，所以父母在告诉孩子遵守规则的同时，最好也告诉孩子制定这个规则的缘由，这样孩子更容易接受规则。没有规则的自由是混乱的，甚至是危险的。

遵守规则，培养自律的品质，同样也是一个人成功很重要的前提，因为自律是对自我的控制，自信是对事情的控制。先学会克制自己，用规则管束自己，才能在自律中不断磨炼出自信，创造出成绩。

学会有敬畏之心

我们要培养孩子的敬畏之心，“敬”就是尊敬，“畏”就是害怕。人一旦没有敬畏之心，就会彻底变得肆无忌惮、为所欲为，想说什么就说什么，想干什么就干什么，甚至无法无天、没有底线。

现在一些孩子被父母、长辈娇纵得天不怕、地不怕，在家不怕家长，在学校不怕老师，出门不怕规则。这样的孩子长大以后心中也不会遵守法律的约束，一旦触犯法律，最终会吞下自酿的苦果。

有的家长说敬畏太多，怕这怕那，会影响孩子的胆魄和创造力，这是两回事。培养孩子的想象力、创造力和有敬畏之心并不矛盾，创新是思维上的无边界驰骋，敬畏感是因内心的敬重带来的行为上的约束。

学会不让人难堪

教养的最高境界是让人舒服，而教养最直接的体现便是不让人难堪，时刻把他人的感受放在心上。老话讲，做事要有底线，说话要留有余地。口无遮拦的说话风格未必是种美德，江湖上那种大块吃肉、大口喝酒、有话就说的真性情，有时会伤人。生活不是江湖，不让人难堪的教养，有时比直来直去的真性情更难做到。

真正的成熟由两部分组成，一半是对美好的追求，另一半是对残缺的接纳。

不惊扰别人的宁静也是一种慈悲，不伤害别人的自尊更是一种善良。人活着，发自己的光就好，没必要去吹灭别人的灯。

从2003年起杭州图书馆秉承其对公共图书馆不分种族、年龄和人群的服务原则，面向拾荒者开放。当拾荒者越来越多，有市民不满，馆长褚树青说：“我无权拒绝他们入内读书，但您有权利离开，对弱势群体而言，图书馆可能是唯一可以消弭与富裕阶层之间在知识获取上鸿沟的重要机构。”为表尊重与感谢，那些来此读书的拾荒者，每次读书之前也会把手洗得干干净净，以免把书弄脏。杭州图书馆也因此被称为“最美图书馆”。

学会欣赏别人

自己优秀是一种能力，能够欣赏别人的优秀更是一种能力。因为一眼就能看到别人的缺点是人的一种本能，而能发现别人的长处却是修炼出来的能力，发现美的眼睛，不是人人都有。所以，当你还没有好到可以让别人来欣赏的时候，就先学会欣赏别人吧，站在路边为别人鼓掌也是幸福的。

有一位妈妈带着孩子去参加一场比赛，自己的孩子没有获得很好的名次，但那位妈妈却将别人的好成绩通报给大家并热情地祝贺。那个孩子在比赛中的小小失利可能会让他略感遗憾，但妈妈这种大气的胸怀足以让孩子收获很多。

学会爱自己

一个爱自己的人是知道感恩父母的，因为“身体发肤，受之父母”。珍惜父母给予生命的人是爱自己的。

珍爱自己的人会让自己保持健康、美丽，不暴饮暴食、不毫无节制。

珍爱自己的人有困难时会求救，不自暴自弃。

珍爱自己的人会和颜悦色、不粗鄙、不暴跳如雷。

珍爱自己的人会更自律、更自尊，他会像爱惜羽毛一样爱惜自己的名誉。

珍爱自己的人会让生活变得更充实，让生命变得更有意义，不虚度时光，坦然、大胆地对自己说：“我很爱我自己！”

学会主动道歉和原谅别人

两个男孩打架了，双方都觉得很气愤，谁也不理谁。其中一个男孩的妈妈对儿子说："我觉得男子汉是可以主动向别人道歉的。"儿子觉得这句话很受用，他愿意成为一个男子汉，于是主动向对方道了歉。

道歉是一种行为，宽恕却是一种胸怀。当我们被别人伤害后一定要以恶制恶、以暴制暴吗？我们是否能宽恕别人的过错呢？其实原谅别人是对自己的珍爱，仇恨的魔兽从心中除去，内心才会真正感受到愉悦和宁静。

对于恶的真正否定和超越，绝不是以恶制恶，而是绝对不像恶那样存在。

学会乐于助人

助人有不同的层面，第一层是在不损害自己的利益下帮助别人；第二层是在会给自己带来小麻烦，但可以给别人带来大利益的情况下帮助别人；第三层是在牺牲自己的利益才能换取别人方便的情况下，依旧帮助别人。三层都是善举，但大部分人只能做到前两层，这已经很不错了。

有一阵子非常流行教孩子防拐防盗，做各种测试看孩子会不会被拐走。这或许是一种保护孩子的“刚需”，可是我心里还是不愿意让孩子接受太多这方面的暗示。孩子很小的时候，你就告诉他这个社会不可信，他会带着怎样一种防范心理长大？长大后他还会相信什么呢？

去搀扶摔倒的老人，结果老人讹上了你；给拾荒者送去同情，结果他是职业的。这样的社会乱象让人们越来越没有同情心，不愿去帮助别人。可是社会它是一个闭环，是相互作用的，有一天你也会遇到困难，需要求助。如果路过的人只是看看你，冷漠地离去，那时你会体会到怎样的一种悲哀和凄凉？

仅仅学会防范，那结果也是防不胜防。在保护好孩子的同时，还要引导孩子心中有爱，在力所能及的范围内帮助别人。让整个社会环境成为一个良性的循环，和孩子们共同创造一个充满温暖的、安全的社会环境，才是父母应该给予孩子的最大关照。

学会尊重体力劳动者

很多家长都会不经意地对孩子说这样一句话："你要是不好好学习，长大就和他一样扫大街，和他一样刷盘子。"

体力劳动者工作的确很辛苦，但他们靠劳动吃饭，并不卑贱。有些家长教孩子要重视、讨好比自己地位高的人、对自己有用的人，不必在意那些处于社会底层的人。但如果你这样功利地教孩子的话，那么你怎么知道孩子某一天遇到的那个对自己很有用的人就不是讨厌他这种看不起底层人民的人呢？

早年一个年轻人在一家高级餐厅打工。餐厅里来了一对身份尊贵的常客，年轻人为他们端去了咖啡。但由于是第一天上班，年轻人非常紧张，一不小心把咖啡杯碰洒了，咖啡洒在客人白色的西服上。老板见状忙上前道歉，说一定要开除这个年轻人，并帮客人去洗衣服。然而那位先生却对年轻人说：“没事，谁都会有第一次。”继而转头对老板说：“如果今天你把他解雇了，我就再也不来你们店了。好了，我现在回家换衣服，一会儿再来。”

真正有修养的人会用最平等的心对待所有人。

热点话题

我家的孩子用你管？！

我在微信里看过这样一篇文章，标题是《没有人会告诉你，你的孩子没礼貌》。文章里讲到在中国没有谁会告诉你，你家的孩子没礼貌，但是所有人都会讨厌你的孩子，不当面说，但会远远地避开，这就是中国人的礼貌。

的确，我们最常说的一句话就是，把自己的孩子管好就不错了，哪有工夫管别人家的孩子，实在看不下去说了一句，可能还会被人家回敬一句：“我家的孩子用你管！”这句话的背后表达了这样一层意思：孩子是我们家庭的私有财富，并不是社会的财富。

但是在德国却不是这样的，一个德国人看到一个小孩在钓鱼，旁边放着两根鱼竿，他会上前去问：“怎么有两根钓竿？”因为德国规定一个人钓鱼只能用一根钓竿。当被告知另一个孩子去洗手间了，他会继续问：“有执照吗？”因为德国规定钓鱼要有执照。孩子们出示执照后，又被问：“带尺子了吗？”因为德国规定钓鱼要带尺子，钓上来的鱼不到规定的尺寸要放回去。问话的人和孩子们没有任何关系，只是“多管闲事”的他认为教育是整个社会的责任，孩子是德国的未来，每个德国人都有责任随时随地对孩子进行教育。

德国人在全球可以得到普遍的尊重，除了他们严谨的个性外，还有全民族对教育的重视。德国人爱看书、守时、注重家庭、遵守规则、爱国、尊重生命，这些都和小时候的教育分不开。

孩子是全社会的未来，教育是全民族的事情，这个观点应该逐渐被国人接纳。

当我们看到路边的孩子做得不好时是可以教育他的，但需要注意这种教育不是一味地训斥、指责，而是和颜悦色地告诉孩子应该怎么做。

我们看到那些不守规矩的孩子，常常会说一句：“这孩子真没家教！”孩子听到这话，从你的表情中就知道你讨厌他，这时他本能的反应就是也很讨厌你，而不会去考虑他哪里做得不好，所以你的这句话对这个孩子不会起到任何教育作用。

“孩子，阿姨和你一起把垃圾扔进那个垃圾箱，好吗？”

“嘘，孩子，这里不可以大声说话！”

善意地提醒、真诚地帮助一定会让我们的孩子越来越懂得守规矩。

第 三 章

培养孩子的社交礼仪

形象永远走在能力的前面

虽说人不可貌相，但在当今文明的时代，形象气质给人留下的第一印象非常重要。杨澜说过，形象永远走在能力的前面，没有人有义务必须透过你邋遢的外表去发现你优秀的内在。你必须干净、整洁，甚至是精致，这是你做人的基本与尊严，不分男女。

教孩子出门前照一下镜子，看看脸和头发是否干净，衣服是否整洁。

现在我们生活条件好了，也要让孩子学会在不同的场合穿不同的衣服，家里有家居服、睡衣，上学有校服，游玩有休闲服，运动有运动服，出席正式场合要有小礼服。男孩要有一套小西服，女孩要有一条礼服裙，不要忘了再配一双小黑皮鞋和一双白袜子。

微笑和打招呼——最简单却是最遥远的礼仪

在一位美国父亲写给儿子的十条家训中，第一条就是主动和你见到的人打招呼。如果每个孩子见到人都会主动打招呼，这个世界会变得非常温暖。

现在，我们经常看到很多年轻的妈妈带着孩子向电梯里、小区里的邻居、朋友打招呼、问候，这是一个非常好的习惯。

能主动和陌生人说话、开玩笑，说明心中是不戒备的，对周遭世界是接纳的、充满善意的。

其实微笑不光是一种面部表情，它更是一种开放、接纳的心态。

每个人都需要温暖，但是我们有没有想过自己来充当那个主动制造温暖，先给别人带来愉悦的人呢？

小故事

你在说话前真的不需要称呼别人吗

曾经有位画家到国外旅游，找到两条专卖古董的大街，他一家店一家店进去看。他进到一家店，就埋头专心地看那些小雕塑、小物件，然后向一位老先生问价钱，问了几件，老先生都说不卖。他就问为什么不卖，老先生说："这是我的店，你进来了，不跟我打招呼，就在那里看，然后问我卖不卖，我当然不卖。"老人的一句话把画家点醒，他感到非常惭愧。

不打招呼直接说话，貌似不是什么大事，其实骨子里是对人的不尊重。有的人是对谁都不打招呼，直接说事，因为没有人提醒，长久以来已经成为一种习惯，但那绝对是不好的习惯，需要改正。还有的人只对他认为很重要的人打招呼、很礼貌，对他认为不重要的人、路人或服务人员就直接命令式说话，这是心里没有真正的尊重和平等。礼貌不分贵贱，不要心存侥幸。

握手、拥抱的礼仪

握手礼

按照国际礼仪，第一次见面行握手礼。

■ 如何握手

伸手时，四指并拢，拇指适当张开，再以手掌与对方手掌相握（拇指根部相抵），上下摇动 1 ～ 3 次。握手时注意力度，过轻或过重都是失礼的。

握手的时间一般以 1 ～ 3 秒为宜，如果是表示鼓励、慰问和热情，而且又是熟人的情况下，时间可以稍微延长，但最长也不应超过 30 秒。

握手时双目应注视对方，微笑致意或问好。

表示特别尊重或老友重逢，可用双手迎握。

男士和男士握手，要把对方的整个手掌握住，这样显得真诚而有力。男士和女士握手，轻轻地握住对方的手指部分即可。

以下情况可以不握手

对方手部有伤。

对方手上提着重物。

对方正在打电话或用餐、喝饮料。

如果自己的手是脏的，可以不与对方握手，但要及时向对方说明原因，并诚恳地表示歉意。

谁先伸手（先伸手者为尊）

在社交场合，握手时谁先伸出手是礼仪规范的重点，通常应该按照以下的顺序：

按性别　女士先向男士伸手。

按年龄　年长者先向年幼者伸手。

按辈分　长辈先向晚辈伸手。

按主客　主人先向客人伸手。客人告辞时，应先伸出手来与主人相握。

拥抱礼

按国际礼仪，通常第二次见面行拥抱礼。

如何拥抱

两人相对而立，各自上身稍稍倾斜，右臂偏上，左臂偏下，右手环拥对方左肩部位，左手环拥对方右腰部位，彼此将胸部各向左倾而紧紧相抱，并头部相贴，然后再向右倾而相抱，接着再做一次左倾相抱，一共三个回合。

■ 哪些国家行拥抱礼

在欧洲很多国家，人们会行拥抱礼。商务交往中第一次见面多以握手致意，但第二次见面时迎接的礼节很可能是拥抱。

介绍的礼仪

自我介绍

自我介绍一般在两种情况下发生。

一种是团体聚会中，每个人都要做自我介绍；还有一种是去和不认识的人约会，见面需要自我介绍。

自我介绍有五种方式：解名字、讲故事、贴标签、用数字和用金句。

给他人介绍

在社交场合，我们往往有为不相识的人互相引见的义务，这就是给他人介绍，给他人介绍通常要遵循以下顺序：

先将男士介绍给女士。

先将晚辈介绍给长辈。

先将客人介绍给主人。

先将迟到者介绍给先到者。

先将家人介绍给同事、朋友。

先将熟悉的人介绍给不熟悉的人。

为他人做介绍时应该注意手势的运用，应该是手掌伸开向着被介绍的一方，切记不可用手指点来点去，或者用手拍被介绍一方的肩膀，这都是不正式、不得体的行为。

被介绍者要正面看着对方，表现出对对方的重视和礼貌，一般情况下除长辈和女士外，都应该站起身，介绍完毕后握手问好。

小故事

记住别人的名字

对别人的尊重在社交礼仪中首先体现在记住对方的名字，如果你连对方的名字都记不住，怎么能说明你很在意他呢？

很多人对记住别人的名字这件事不是很在意，这不仅不礼貌，有时还会给我们带来不便。比如，参加旅行团一个星期了，大家在一起聊得很愉快，各种情况也都了如指掌，可就是不问对方叫什么名字。

有一次在法国的迪士尼，我帮一个已经“混”得很熟的小男孩占座位，小男孩在排队买吃的。当我找好座位想叫他时，发现我根本不知道他叫什么名字，情急之下就叫了一句“小胖子”。周围的小胖子很多，小男孩根本不知道我在叫他。

更可笑的是，我有个同事在接待一个教育代表团时，热情地跑上前去握着一个人的手说：“托马斯，我们又见面了！”对方诧异地睁大了眼睛说：“对不起，我是第一次来中国。”她致歉后紧接着握住了第二位老师的手说：“大卫，你好！”那位老师说：“对不起，我不是大卫，我是麦克。”弄得这个同事特别尴尬，后悔自己没有好好做功课，记住代表团成员的名字。

所以，在最快的时间里记住别人的名字，一定会给你的第一印象加分。

问路的礼仪

向别人问路的时候要先说：“打扰了，请问……”有些地方的人在问路时，人们会说：“劳驾，请问……”劳驾的意思就是劳您大驾，问完后一定要说“谢谢”。

在很多英语国家都会把“excuse me”“thank you”时刻挂在嘴边。

乘车的礼仪

■ 如果驾驶的人不是受雇的司机，而是主人亲自开车

A．车上只有你和车主两个人时，你要坐在车主的旁边，而不要坐在后面，把车主一个人留在前面开车。

B．如果共有四人乘车，那么尊卑的次序是：1．副驾驶座；2．后排右座；3．后排左座；4．后排中座。

■ 如果司机是受雇的

A．四人乘车，那么尊卑的次序是：1．后排右座；2．后排左座；3．后排中座；4．副驾驶座。

B．如果有长辈在，要让长辈坐在后排。如果后排要坐三个人，年轻人要坐中间，因为中间的座位不舒服。

■ 上、下车时

让客人先上车，自己再上。下车时，自己先下，再让客人下。

■ 上车要系安全带

去同学家做客的礼仪

预约

我们去别人家做客，一定要提前电话预约，一来确保你不会扑空，二来也让对方有准备的时间。

有一次我出差去上海想看望一位好友，当时特意没有给她打电话，想来个突然袭击，给她个意外惊喜。不承想她开门的一瞬间，不仅有惊喜还有一种惊愕的表情，随即她说你等会儿进来，然后转身关门进屋，5 分钟后才让我进去，原来她去收拾屋子了。每个人都希望给客人展示自己干净、整洁的一面，但大多数人做不到家里时时刻刻都很整洁，所以告诉人家拜访的时间，给人家留出收拾的时间，这也是一种得体的表现，最早不要早于 5 分钟到。

守时

说到守时，有的人没有太把它当回事，觉得迟到不是什么大事。其实它是一个人的基本素质。如果你连时间都不能遵守的话，你还能遵守什么承诺？再者和金钱相比，时间应该比金钱更重要，因为时间代表生命。你浪费别人的时间，就是在浪费别人的生命，这比浪费别人的金钱后果更严重。因此，无论是开会还是赴约，有教养的人从不迟到，迟到对准时到场的人来说是不尊重。

进门首先要和长辈打招呼

很多孩子在去同学家给同学过生日时，往往家长一开门，他就直奔同学而去，完全没有看到站在一旁的同学的父母，这是很失礼的。我们去同学家，如果同学的父母在，首先要向叔叔阿姨行礼问候：“叔叔好，阿姨好！”再和同学打招呼。

初次拜访一定要带礼物

初次拜访人家一定要带礼物，空手去人家做客是不礼貌的。礼物不必贵重，能代表心意就好。送礼物时，最好对礼物进行一番说明，表明挑选礼物时的用心。不可以把自己不喜欢的、用旧的东西送给人家。

参观别人家时不要做负面评价

有的孩子去别人家做客时，会发出各种惊叹："你家房子好小哦！我家是上下两层呢！""你家连钢琴都没有呀，我家有三角钢琴呢！""你家的浴缸这样呀？我家是特大的按摩浴缸。"虽说童言无忌，但这样的聊天多少会让主人甚至家长有些尴尬和不舒服。每家的经济条件和生活习惯不一样，不要让孩子养成攀比的习惯，用一双发现美的眼睛去寻找别人家里独特的地方，这才是一个有教养孩子的表现。

主人带你参观时，你要认真地看，用心欣赏，既不要眼睛一扫，草草一看，满脸的不屑，也不要对什么都充满好奇，东翻翻、西摸摸。在没有经过主人允许的情况下不可以翻别人的抽屉、衣柜、书柜、橱柜，只有主人主动让你看你才可以看。

要学会和同学家长交流

家长给你递水、递东西时，你一定要起身双手接过来。叔叔阿姨和你聊天时，一定要目光看向大人，认真作答，而不是眼睛盯着手中的手机或游戏敷衍。要学着答话，并主动问候大人，这样才可以把谈话友好地进行下去。既然是来做客的，就要有做客的样子。做客是面对面交流的最好时机，即使你们是想聚在一起打游戏，也要做到起码的礼貌。

要学会和同伴交流

去同学家做客，要对主人表示一定的尊重。不要三五成群去别人家里做客，同去的同学聊得热火朝天，却把主人晾在一边，这是做客的大忌。

爱说话的人要学会聆听别人说话，千万不要中途打断别人，自己总是插话。不爱说话的人也要努力地说上一两句，不要冷场。

坐要有坐相

在别人家里坐沙发时，脚要放到地上。不要上来就脱鞋，盘腿窝在沙发里。坐椅子时椅子的四条腿一定要着地，如果椅子是可以旋转的，不要不停地转来转去，让人看着眼晕。

牢记餐桌礼节

在同学家，吃饭时要牢记餐桌礼节，可以用饮料代酒敬叔叔阿姨的热情招待。吃饭时不忘对叔叔阿姨的手艺加以夸奖，爱吃的菜可以多吃几口，但不能一个劲儿地夹，也要留给别人。叔叔阿姨给你夹菜，你要记得说“谢谢”。吃完饭后，主动帮助大人收拾碗筷，一般情况下，叔叔阿姨不会让你做，但你也要表示一下。

礼貌地告别

到人家做客不宜太久，两三个小时后就要起身告别，临走时要鞠躬感谢叔叔阿姨的盛情款待，回到家中要告诉同学自己已经安全到家，今天玩得很愉快，再次感谢叔叔阿姨。

邀请同学来家里做客的待客礼仪

邀请

邀请分为正式邀请和非正式邀请，正式邀请要写请柬并亲自送达，非正式邀请可以电话邀请或当面口头邀请。

准备工作

首先帮助父母把家里收拾干净，给别人展示一个整洁的家，是对自己更是对客人的一种尊重。只有和你非常熟悉的朋友或者你很不在意的人，你才会把一个乱七八糟的家展现给对方。如果有兴致，还可以买一些鲜花来装点居室。

准备待客所需的水果、饮料和用餐的食材。

热情欢迎

听到敲门声，主动开门，招呼同学，并把同学一一介绍给自己的父母。

如果同学送礼物，要双手接过，表示感谢，并对礼物做恰如其分的赞美。比如，这正是我特别想买的那本书，这正是我喜欢的款式。千万不能看了礼物后说，我都有了，我自己的那个比这个还好呢。这样会让送礼物的人非常尴尬，即使是自己不喜欢的礼物，或者已经有了的礼物，也要礼貌地表示感谢，然后收下。

介绍你的家

如果同学第一次来你家，你可以带同学参观一下家里，特别是自己的房间。即使自己的家不是豪宅，或者很小，那也是爸爸妈妈和你最温馨的家，完全不必因为你家房子没有别人家大而感到自卑，家的幸福不取决于面积和装饰，而在于是否有家的氛围。用最饱满的热情来介绍你的家，介绍挂在墙上的照片，介绍家庭里的其他成员，会让客人很快爱上你们家。

招待客人

给客人递水要用双手。请客人吃水果，不要把整个苹果或橙子递过去，那样不方便客人食用，最好事先削皮、切成块，装在盘子里端出来，然后用叉子插上水果递给客人。招待客人时一定注意关照到每一个客人，而不要顾此失彼，只和你要好的客人说话，冷落了其他人。

用餐时可以用公筷和公勺给客人夹菜，席间最好有交谈，不要闷头吃饭。不要因为客人来了就指使家人做这做那，家人是在帮助你招待你的客人，要随时向家人表示感谢，你对家人的尊重也会换来同学对你家人的尊重。用餐完毕要主动帮助家人收拾桌子，擦桌子的时候一定要往自己的方向抹。

和客人聊天、玩游戏时，要照顾到每一个客人的兴趣、爱好和情绪，不要冷落在场的任何一个客人。

送客

客人要离开时，和家人一起把客人送到电梯口，说欢迎下次再来，扶好电梯门，看客人都进去了再挥手告别。

如果是家人的朋友来家中拜访，客人走时，同样要走出自己的房间和家人一起送客。

信息沟通的礼仪

如今在这个信息爆炸的时代，打电话、发微信、发微博成了人们生活中必不可少的一部分。这些沟通方式除了能够展示你的生活外，同样会在不经意间暴露你的修养。

打电话

打电话时一定先说“喂，您好，我是某某”。挂电话的时候，对方如果是长辈，那么一定要等对方挂了你再挂。

打电话时要控制音量，既不要声音小得让对方听不到，一个劲儿地“喂，喂，喂，你再说一遍”，也不要扯着嗓门大声喊叫。

在公共场合千万不要“煲电话粥”，你家再精彩的故事别人也未必有兴趣听。

过于亲昵的语言也不适合在公共场合说。

早上 7 点之前和晚上 10 点之后尽量不给别人打电话。因为每个人的作息时间不同，你工作的时候也许别人已经休息了。

和朋友聚会、吃饭时，如有电话，应向周围人说声“抱歉”，然后出去接电话，而不要在座位上不停地接听电话，没有必要向大家展示你的忙碌和重要性。

不要在楼梯口、电梯、走廊不停地打电话，要知道那里也是公共场所。

和别人打电话时，如果你想打哈欠或者咳嗽，一定要按住话筒。让对方听到你的哈欠声或咳嗽声是不礼貌的。

发微信

发信息时前面一定要加称呼，不能直接说：“你在哪儿，给我打电话。”

别人给你发的信息，你应该及时回。如果因特殊原因没有及时回复（很多人把微信设置成静音），回复时要对没有及时回复表示歉意。

尽量不要在晚上10点后或早上8点前给别人发微信。

给别人打语音电话之前，最好发一条微信问一下是否方便接电话。

转发别人的文字或链接前，最好先点个赞。

不要因个人的事情或者孩子的事情要求朋友们必须在他们的朋友圈里转发，要求朋友每天且连续为自己或孩子投票，这样做是不合适的。你的孩子不一定能得第一名，但一些朋友有可能会因此把你屏蔽，为一件事失去很多朋友不值得。

不造谣，也不传谣。因为谣言少一些，真相就会多一些。不同于微博的开放性、公众性，微信相对来说是封闭或半封闭的，更像我们真实社会关系的网络版，传递的消息类似于口口相传。谣言如果经由熟人、朋友传播和转发，危害也就越大。现在社交平台上活跃着大量以盈利为目的的营销公众号，他们为了博取关注，获得点击量，借助夸张的标题和内容获取大量粉丝与传播量，通过企业投放广告费生财。对那些为了博取关注而制造谣言的行为，我们应当警惕，自己做到不信谣、不传谣。

信息时代，不需要见面，你的手指动一动，涵养、素质尽显其中。

发微博

微博社会，同样需要礼尚往来，同样需要社交礼仪。

不发有人身攻击的微博，不剥夺他人说话的权利，不辱骂他人。

遇到恶意回复或留言，不需要理会，不理睬便是最好的回击。

网络世界中的你，也是现实生活中的你，尊重事实、传递善意，是我们应该做的。发微博对某件事情表达态度的时候，必须确保自己了解这件事情，转发时不能断章取义，有时我们只听一面之词就开始抨击别人，最后发现事情又有了反转，以讹传讹是不妥的。当看到网友对社会热点事件当事人疯狂“人肉”、言语围攻时，你要保持冷静，不随波逐流、人云亦云。

网络世界不应该是谩骂攻击的“角斗场”，认为别人不认识自己，看不见自己，就可以随意谩骂，恶语相向、恶意侮辱他人、对他人进行人身攻击是严重失当的行为。

礼仪、修养，不分线上线下，不管你是“草根”还是“大咖”，就像现实中你很爱护自己的形象、在意别人如何评价自己的人品一样，网络世界里，我们也要珍惜自己的形象。

QQ

有的年轻人会在 QQ 上认识很多陌生人，不要把自己的隐私和个人信息泄露给陌生人，虚拟的网络世界有时更加危险，要学会保护自己。

抖音、快手、视频号

随着短视频的兴起，很多家长和孩子也玩起了抖音、快手和视频号。

作为创作者，我们不发低级、庸俗、博眼球的视频。

作为观看者，我们不在别人的视频下面恶意评论。

特殊场合的礼仪

参加婚礼、葬礼的礼仪

有时家长会带孩子参加亲朋好友的婚礼或葬礼。在这种场合，孩子不要到处疯跑，嬉笑打闹，交头接耳。这种时刻对大人来说非常重要，孩子可能体会不到大人此刻的心情，但在这种特殊的场合，既然来了，就听从大人的安排，安静地站（坐）在一边，千万不要哗众取宠，破坏现场气氛。

参加寿宴的礼仪

有时爷爷奶奶或姥姥姥爷过生日，父母会带着孩子一起去参加寿宴。寿宴上我们首先要道贺，对寿星说“祝您福如东海，寿比南山”。

参加寿宴一定要带寿礼，可以是表示吉祥如意、健康长寿的物品，也可以是食品。在我国比较常见的寿礼有：写着“寿”字的蛋糕，做成寿桃形状的糕点，鲜花，中式衣服，保健按摩器、电热毯；忌讳送钟表、鞋子，如果送水果则不送梨，因为这些东西的谐音是“送终”“邪气”“离别”，避免老人忌讳。

参加寿宴的服饰应选择喜庆、色调明快的，如红色、黄色，切忌穿全黑、全白的服装，也忌穿黑白相配的服装。

热点话题

面对无礼的人该怎么回应

你对别人彬彬有礼，却没有得到应有的回应时，不必太介意，你要知道他的不礼貌只说明他的修养不够，并不表示对你的歧视，只要自己做好就可以了。

我曾经遇到过一个小姑娘，她很气愤地和我讲过一件事。她说在奶奶家，姑姑看她躺在床上吃东西的行为很不顺眼，就说她没家教，她跳起来和姑姑对骂并大打出手。我问她为什么要这样，她说：“她骂我妈了。”我又问：“姑姑怎么骂你妈了？”她说：“姑姑说我没家教不就是骂我妈吗？谁要敢骂我妈，我就打谁。”

我很不客气地对她说：“你这样和长辈大打出手不正好印证了你姑姑的话吗？你这样做比躺在床上吃东

西更没有家教呀！如果真想为妈妈争气，你就做得好点儿。”

对恶最好的超越和回击就是绝不像它那样存在，不是以牙还牙。

不轻易地去挑战别人的无理，其实是种无声的涵养。

礼仪用语

礼仪用语快失传了，让我们与孩子学习并传承下去吧！

头次见面用久仰，很久不见说久违。

认人不清用眼拙，向人表歉用失敬。

请人批评说指教，求人原谅用包涵。

请人帮忙说劳驾，请给方便说借光。

求人解答用请问，请人指点用赐教。

赞人见解用高见，自身意见用拙见。

看望别人用拜访，宾客来到用光临。

陪伴朋友用奉陪，中途先走用失陪。

等待客人用恭候，迎接表歉用失迎。

别人离开用再见，婉谢远送用留步。

欢迎顾客称光顾，答人问候用托福。

问人年龄用贵庚，老人年龄用高寿。

读人文章用拜读，请人改文用斧正。

对方字画为墨宝，招待不周说怠慢。

请人收礼用笑纳，辞谢馈赠用心领。

问人姓氏用贵姓，回答姓氏用敝姓。

表演技能用献丑，别人赞扬说过奖。

向人祝贺道恭喜，答人道贺用同喜。

请人担职用屈就，暂时充任说承乏。

第 四 章

培养孩子的公共场所礼仪

观看演出的礼仪

进剧场要穿正式礼服，不可以穿拖鞋。即使在夏天，夹脚拖、皮拖也不正式。

演出开始前 5 ~ 10 分钟到场，演出开始后在场内走动、找座位是很不礼貌的。

观看演出时，要把帽子摘掉。女生不要长时间地用手抚弄自己的头发，以免遮挡后面观众的视线。

保持安静，不要窃窃私语，透露剧情的行为会让旁边的人很反感。

不要在座位上动来动去，或将脚抵住前面座位的靠背。

观看演出时不可以吸烟、吃东西。

观看演出时要关闭手机，不要不停地看手机，手机屏幕上的光亮会影响别人。

不可以大声喧哗，更不要在剧场过道跑来跑去。

演出过程中不要鼓倒掌，要等节目全部结束，演员谢幕时起立报以掌声。如果是听交响乐，也可以等指挥转身面向观众时起立鼓掌，等待演员谢幕完毕方可离席。

小故事

俄罗斯儿童对艺术的敬畏感

有一位非常著名的电影导演对我讲述了他在俄罗斯看演出的经历。

导演应邀访问俄罗斯，在访问期间他发现俄罗斯是一个非常尊重艺术的国家。有一次，对方陪同他去参观国家大剧院，俄罗斯功勋演员和人民演员排成两行夹道欢迎，他感动之余还发现了一个非常有意思的现象。

等候看演出的俄罗斯小朋友们在剧院外面跑来跑去非常活泼，可是一旦走进剧院，他们马上就变得鸦雀无声，安静而有秩序地进入剧场。

那位导演好奇地问旁边的工作人员，小孩子怎么都这么乖？工作人员说："我们俄罗斯的老师在孩子很小的时候就培养孩子对艺术的敬畏感，所以在博物馆、美术馆、音乐厅和剧院这样的地方，孩子们是不会喧哗、吵闹的。"那位导演恍然大悟。

的确，一个国家国民的文化素养、公德素质的培养要从孩子抓起。

乘坐地铁、公交车、出租车的礼仪

乘坐地铁

上地铁前要排队。地铁门开了，要先下后上，不能为了抢座，乘客还没有下车就一窝蜂地拥上前。

如果面前站着老人、孕妇、抱小孩的人，请尽量把座位让给他们。

因为拥挤碰到别人，要礼貌地说声“对不起”。

乘坐地铁时尽量不要吃东西，地铁车厢是密封的，食物的味道散发不出去。

有人释放“有毒气体”时，不要大声说“谁放屁了”，或者嫌恶地捂鼻子、用手扇，要装作若无其事，不要让别人难堪。

乘坐公交车

等车要在站台或指定的地方等候，不要站在车道上候车。

30 年前，我的一位英语老师就是在等公交车时出现意外的。也许是因为车很久没来，车一来，大家就一拥而上，她就这样被后面的人一窝蜂地推到了车道上，车开过来正好把她撞倒，只有 24 岁的她永远地失去了双腿。遵守候车秩序不仅方便，而且安全。

上车前把公交卡或手机二维码、零钱准备好，上车时按顺序上车，快速刷卡或刷码、投币。不要上车以后再做这些，这样会耽误后面乘客的时间。

如果遇到行动不便的老人和残障人士要协助他们上、下车，并把座位让给老、弱、病、残、孕这些更需要的人。

不要把头、手、胳膊等身体部位伸出窗外，这样会有生命危险。

无论发生什么情况，都不可以骚扰驾驶员开车，更不可以抢夺方向盘。如果车上有这样的情况发生，为了全车人的生命安全，你有义务去制止。

乘坐出租车

乘坐出租车时，不要把脚蹬在椅背上，这样会把车上的座套弄脏，给司机带来麻烦。

不要在出租车里吃东西，更不要把垃圾扔得到处都是。

和司机说话要有礼貌，不可以出言不逊。

| 小故事 |

抢座位风波

有一次，我坐地铁时看见两个母亲为了给各自的儿子抢座位而发生口角，破口大骂。两个女人骂得痛快淋漓、不堪入耳，以致最后从谩骂升级为拳脚相加。她们旁边各自站着一个四五岁的小男孩，一个孩子拉着妈妈的衣角不停地哀求说：“妈妈，别吵了，我不坐了还不行吗？”另一个小孩则紧紧地闭着双眼，用小手死死地捂着自己的耳朵，浑身因害怕而战栗着，那个样子让人看了真心疼。

我是个不太爱管闲事的人，平时遇到吵架、打架都会避而远之，但可能是因为自己从事儿童教育的缘故，见不得小孩子这么受伤害。于是我上前一把拉住那个孩子对着他妈妈说道：“您看看，孩子都吓成什么样了，您还在这儿吵？”那个妈妈完全无视我的劝说，反而掉转头来向我喋喋不休地数落着对方的不是。最后我只能无奈地到站下车，可那个孩子瑟瑟发抖的样子在我的脑海里怎么都挥之不去。

我想两个妈妈争吵的初衷也是爱孩子，都想让自己的孩子多坐一会儿，但是她们没有意识到这种抢座位的方式给孩子带来的伤害远远大于让孩子站一会儿。大人们不堪的行为会吓到孩子，让孩子感到极度恐惧，给孩子造成心理阴影。另外，母亲的情绪表达方式和行为修养会被孩子效仿。很多时候，孩子只是大人的“复印件”，“复印件”的好坏取决于“原件”的质量。

参观博物馆、美术馆的礼仪

一定要保持安静，不可大声喧哗、议论。

在法国卢浮宫博物馆里，很多游客一进去就找《蒙娜丽莎的微笑》那幅画，有的人找到了，就大声招呼同来的伙伴：“××，蒙娜丽莎在这儿呢，快来快来呀！”这种大声叫喊引起了周围很多人的不满。蒙娜丽莎那么安静地微笑着，游客却这么大声地喧哗，实在太不和谐了。

与作品保持距离，不触碰作品。

未经允许不要拍照、录像，尊重知识产权。

不要让孩子在馆内四处追跑，要按照指示牌顺序参观。

不在馆内吃东西、喝水。

服装得体，不可穿拖鞋、背心、短裤入内。

去书店、图书馆的礼仪

一定要保持安静，绝不可以大声喧哗。

走路要放轻脚步，不要跑来跑去，影响正在看书的人。

书看完要放回原处，不要随手乱放。

不可以穿拖鞋、背心进入。

不可以在里面吃东西。

电话铃声要调成震动，如有人打来电话要走出去接听。

观看体育比赛的礼仪

在体育馆或体育场观看体育比赛，要遵守公共道德，自觉维护秩序。

入场与退场时

观看体育比赛，应该准时入场，以免打扰别人。入场后，应该对号入座。不要因为自己的座位位置不好，而占别人的座位。

如果赛后还有其他事情，想快点儿退场，应该在终场前几分钟悄悄走，不要等散场时在人群中乱穿乱挤。

散场的时候，要跟着人流一步步地走向门口。推挤的话，可能谁也出不去，甚至还会出现危险。万一被推挤的观众围困，要记住“向最近的出口缓行”和“顺着人流前进，切勿乱钻”。

比赛时

观看体育比赛时，要注意自己的言行举止。言行举止不仅是个人涵养的问题，也关系到社会风气。精彩的体育比赛振奋人心，欢呼和呐喊是很自然的事情，可以为你所喜欢的一方叫好，但不应该辱骂另一方。在体育比赛的现场集体爆粗口是不可容忍的错误行为。如果是精彩的场面，不管是主队的还是客队的，都应该鼓掌加油，表现出公道和友好。

在比赛中起哄、乱叫、向场内扔东西、鼓倒掌、喝倒彩的行为，是违背体育精神的，更是没有教养的表现。在比赛的紧要关头，尽量不要因一时激动而从座位上跳起来，挡住后面的观众。要知道，越是关键的时刻，大家的心情越是一样的。

如果喜欢吃零食的话，记得不要把果皮纸屑随地乱扔。吃时易产生噪声的零食最好别吃，因为噪声会影响身边其他观众的情绪。

看比赛的时候，不要带年龄太小的孩子去。小孩往往只有三分钟热度，很快就会对比赛失去兴趣，继而来回跑甚至哭闹。这样的话，会影响你周围的观众。

观看体育比赛时的穿着，可以随气候、场所和个人爱好而定，但也要注意公共场所礼节。即便再热，也不能只穿一件小背心，更不能光着膀子观看比赛，这样太不雅观。

在比赛中如果觉得裁判有问题，要按照程序向有关人员提出。谩骂、起哄甚至围攻裁判都是不应该的。

几种有特殊礼仪要求的比赛

花样滑冰

想在比赛中拍照的话，必须关掉闪光灯。花样滑冰比赛中，运动员经常会做一些高难度的动作，比如双人滑中的抛接等动作。如果选手正在做这些高难度动作的时候被看台上的闪光灯晃了眼，就很有可能发生危险。

抛掷毛绒玩具等礼物和鲜花是花样滑冰运动的一个惯例与习俗，但礼物和鲜花一定要用透明的包装纸包装严密。如果花瓣和细小的绒毛散落在冰面上，没有及时清理，选手的冰刀滑到上面就非常容易出危险。

鼓掌和喝彩要选择合适的时机。当选手摆好开场姿势准备表演时，观众应该安静下来，以便选手进入比赛状态。当选手完成高难度的动作之后，观众可以给予掌声和喝彩。滑冰选手得到的最高荣誉是，在节目结束后全场观众起立鼓掌。

网球比赛

网球赛场要求安静地观看。进入网球赛场后，首先要关闭手机或者将铃声调成震动，比赛过程中不能大声喧哗，拍照时不要使用闪光灯。

即使选手打得再精彩，观众也不能在任何时间随意鼓掌或喝彩，一定要等一个回合结束之后再鼓掌或者喝彩。鼓掌的时间也要适可而止。选手在准备发球的时候，现场要保持安静，如果现场迟迟安静不下来，选手就不会发球或者向裁判提出抗议。在网球比赛过程中，观众是不可以任意走动的，如去洗手间或者买水等，最好在选手进行 90 秒休息的时候走动，在一个回合结束时再回到座位上。

如果选手把球打到观众席，观众应该将球退回去。否则，如果没到换球时间的话，比赛会因此而中断，直到观众退回球或等到换球时间。

击剑比赛

击剑是一种绅士、贵族运动。在观看击剑比赛时，观众要保持安静。在击剑比赛过程中，运动员会根据对方的特点选择出剑、进攻的方式，这时观众不应发出助威声，以便运动员更好地思考和出招。

裁判员发出比赛或叫停的口令时，观众应保持安静。裁判员判罚之后，观众可为双方运动员鼓掌加油。击剑场内拍照时不可使用闪光灯，不可接打电话。

热点话题

什么是真正的奥林匹克精神

在《奥林匹克宪章》里的“奥林匹克主义的原则”条款中有这样一段话：“每一个人都应享有从事体育运动的可能性，而不受任何形式的歧视，并体现相互理解、友谊、团结和公平竞争的奥林匹克精神。”

我记得早年陪同挪威的一个医疗代表团去参观北京的一所培智学校，参观结束后对方要求和同学们打一场篮球赛。校方的选手是精心挑选的参加过特奥会的同学，而挪方就是随便上去五个人。比赛打得热火朝天，最后代表团的11名团员轮流上场打比赛。这让当时在一旁观看的我感到很惊讶：他们怎么随便一个人，不管男女老少都会打篮球呀！虽然他们在奥运会上收获的金牌数量并不多，但是他们民众运动的普及程度却非常高。

所以，提高全民的身体素质，让体育运动真正做到普及化，让奥林匹克的体育精神深入每一个人的心里，才是我们应该做的。

令人欣慰的是，近些年越来越多的家长开始重视体育运动，他们会培养孩子热爱运动并坚持一两项体育运动，如羽毛球、篮球、乒乓球、足球、滑雪。随着冬奥会在北京的举行，更多的孩子会关注体育赛事并积极参与其中。当更多的国人喜欢运动、爱上运动，中国才能真正成为一个名副其实的体育强国。

探望病人的礼仪

事先征得病人的同意

有些人得了传染病不可以探视，或者女性生孩子在月子里不方便探视，还有些人因为在生病期间一脸病容，不愿意见人，也不能强求探示。虽然看望病人是我们的一番好心，但也要尊重病人的意愿，在征得同意的情况下去探视。

遵守探视时间

去医院探望病人，一定要遵守探视时间。病人在生病期间身体虚弱，没有精力和体力招呼客人，所以一般探视时间控制在 5 ~ 20 分钟为宜。

举手投足要轻声

为了避免惊扰到其他病人，探视时说话声音要小，动作要轻手轻脚。

赠送礼物要恰当

探望病人可以送果篮、营养品，但一定要根据病人的喜好和身体状况来定，如对于患肠胃病的人不宜送太多吃的，对于糖尿病患者不宜送太甜的食物。

鲜花可以给病人带来好心情，但是有一些病人对花粉过敏，并且病房里也不宜放置太多的鲜花。

公共洗手间的礼仪

排队

公共洗手间人多要排队，但不是门对门地排，而是整体排成一排，出来一个，进去一个，这样既快又有秩序。

洗手

在洗手间里洗完手，如果有烘干机就把手烘干，如果没有就在水池边把手甩干再离去，这样既保持了地面的整洁，又不容易让别人滑倒。

遛狗的礼仪

无论大狗还是小狗，带狗出门都要拴上绳子，这样做既是对狗的保护，也是对路人的保护。

2021 年 5 月 1 日开始，新修订的《中华人民共和国动物防疫法》实施。其中规定遛狗不牵绳属于违法行为。

你喜欢狗的同时也要知道还有不喜欢狗和怕狗的人，所以尽量不要让自己的狗影响到别人。

不要让你的狗随地大小便，出门带上废报纸和工具，这样可以随时处理狗的粪便。

在禁止宠物进入的区域，如商场、影院、餐厅，不要将狗带入。

看电影的礼仪

提前 10 分钟入场；

手机要调成静音，不要把手机屏幕调得很亮，并且长时间看手机，这样会在视觉上影响别人；

不能在电影院放映厅内打电话；

中途出去或者来晚了，进来时要低头或者弯腰快走，并且对别人说抱歉；

不要乱扔垃圾，如果有垃圾，走的时候要收好；

脚不能踩踏前一排人的座椅后背；

不能用手机或者录像设备拍摄影片内容；

已经看过的电影不能大声剧透；

电影结束时等灯亮了再起身出去，不要提前往外走。

逛商场的礼仪

女士试衣服时注意嘴上的唇膏不要蹭到衣服上，如果衣服不合适不想买，也要对店员客气地说声“谢谢”。

在商店里试鞋，一定要坐下或蹲下身子，不要弯腰、撅着屁股，尤其是女孩子，这样很不雅。拿鞋的时候要把货架上的新鞋轻轻地放到地上，不要从货架上取了鞋子“啪”的一声直接扔到地上。

进入试衣间要把门插好，不要在试衣间里待太久，要考虑到外面还有人在等。

带孩子逛商场时要注意孩子的安全，不要只顾自己买东西，让孩子脱离自己的视线。

避免孩子因为没有满足购物需要而在商场里撒泼打滚，引起众人围观。

热点话题

如何对待禁止的标志

在公共场所的很多地方都会有禁止的标志：禁止随地吐痰、禁止下车、禁止大声喧哗、禁止随地大小便、禁止吸烟。

因为监管不严，违反后惩罚力度不够，标识贴了以后，人们照样随地吐痰，照样大声喧哗，因为吐了也没有被罚，孩子随地大小便也没有被阻止，甚至闯了红灯也没事。

当你突破“禁止”、破坏规则的时候，损害已经附着于你身上了，只是早晚的事。不要只因会被罚款而去遵守规则，而应该习惯性地遵守规则，因为每一项“禁止”的背后都是对你和他人生命与安全的保障。

第 五 章

培养孩子的餐桌礼仪

中餐礼仪

中餐上菜顺序：冷盘、热菜、汤、主食、水果。

吃有吃相

■ 坐姿

人坐直，两腿平放。

忌：跷二郎腿、抖腿，把一条腿放在椅子上。

■ 端碗

吃饭要端起碗，端碗时大拇指扣住碗口，食指、中指、无名指扣住碗底，手心空着。

忌：碗不离桌，这样后背就会前倾，坐姿不雅。

■ 咀嚼

饭菜送入口中，闭上嘴巴咀嚼，不出声。

忌：吧唧嘴，貌似吃得很香，实则很不雅观。

■ 打喷嚏和咳嗽

背过身去，用胳膊肘挡住嘴巴打喷嚏或咳嗽。

忌：对着餐桌打喷嚏或咳嗽，唾沫全都溅到菜上。

小故事

中秋家宴

这天是中秋节，开心的妈妈邀请姥姥和小姨一家出去吃饭。进了包间，开心一下蹿到了圆桌里面正对着门的那个座位上坐下，因为那里是正中间，坐在那儿视野特别好。妈妈一把把开心拉开，对他说："这个座位是上座，要留给家里的长辈坐。"开心赶紧起身把坐在门边的姥姥拉过来坐下。

妈妈和小姨点好菜后开始聊天，因为过节，餐厅生意红火，菜上得特别慢。开心坐得无聊，就用筷子当鼓槌在桌子上敲了起来，发出叮叮咚咚的声响。小姨家的丽丽觉得好玩也跟着敲了起来，一时间包间开起了演奏会。这样的噪声影响了大人们说话，妈妈做了个"停"的手势，并告诉孩子们："筷子只是吃饭用的，不可以用筷子敲桌子。”

菜上齐了，大家举杯互相祝中秋快乐。开心最喜欢碰杯这个环节，碰完杯，他疑惑地问妈妈：“妈妈，您的杯子为什么要在姥姥杯子的下面？”妈妈说：“因为姥姥是长辈，妈妈是晚辈，所以妈妈的杯口要在姥姥杯口的下面。”“哦，是这样呀，那丽丽比我小，她的杯口就要在我的杯口下面。”全家人听了都哈哈大笑起来。

落座后，开心刚要夹菜，就被妈妈制止了：“姥姥是家里的长辈，长辈先动筷，我们才可以动筷。”紧接着，妈妈示意服务员：“请给我再拿一双筷子和一个汤匙！”“妈妈，我们每人都有筷子和勺了，您为什么还问服务员要？”“因为给别人夹菜时最好用公筷和公勺，这样更加卫生。”

终于可以吃了，开心看到了转盘那端有自己爱吃的红烧肉，于是马上上手把转盘快速地转到自己面前，正要夹鱼的小姨父筷子刚碰到鱼，鱼就“飞”走了。开心爸爸一下按住了转盘对开心说：“你转转盘时一定要先看看别人是不是在夹菜，如果别人正在夹菜，你要等等，等别人夹好了再转转盘。”

上烤鸭了，厨师把片好的烤鸭放到桌上，开心夹起一片发现都是瘦肉。开心不爱吃瘦肉，他爱吃脆脆的鸭皮带着肥瘦相间的肉，于是就把刚夹起的这块放下，在盘子里翻来翻去，想找一块更肥的吃。妈妈见状后说：“开心，你看好了哪块，夹起来就要夹走，筷子不可以在盘子里乱翻。”

妈妈看到爸爸的茶杯里没有茶水了，就对开心说：“开心，给爸爸倒点儿茶水。”开心爽快地答应了，倒完后把茶壶往桌上一放，茶壶嘴正好对着爸爸。妈妈把茶壶嘴转过来对开心说：“倒完茶水后，壶嘴儿不要对着别人。”开心问道：“为什么呀？”妈妈解释说：“因为按老北京的礼数，最忌讳把壶嘴儿对着人，这是骂人呢！壶嘴对着谁，表明谁是主人不欢迎的人，意思是赶人走呢！”

此习俗源于“辞行酒（茶）”，旧时，有人远行分离时，人们以敬酒（茶）的方式辞别，这时壶嘴就是对着走的人的杯。故此，壶嘴对人有该人要离开了的意思。

因为“走”在中国引申义很多，从辞世到被“炒鱿鱼”都可以引用，所以壶嘴对人就有了“不吉利”的寓意。

开心笑着说：“妈妈，今天这顿饭，我不仅吃得好，还学到了不少餐桌礼仪呢，以后您一定多教我一些。”

小贴士：吃中餐礼仪

1. 座序：依照礼仪习惯，就餐入座以面对正门者为上座，背对正门者为下座，上菜、倒酒以顺时针方向旋转，通常以右为上、左为下。另外，在大厅里就是观景方便的为上座，贴墙的为上座。宴会厅有讲台时，靠讲台的餐桌为主桌。

2. 祝酒：在相对正式的宴会上，由男主人向来宾提议为某个事由干杯。提议干杯时，应起身站立，右手端起酒杯，左手托扶杯底，面带微笑，目视大家特别是自己的祝酒对象，说出祝福的话。

3. 有人提议干杯后，要手拿酒杯起身站立，即使滴酒不沾，也要拿起酒杯做做样子，将酒杯拿到与眼睛平行的高度，说“干杯”后，将酒一饮而尽或适量喝。然后，手拿酒杯与提议者对视一下，碰杯的时候，应该让自己的酒杯低于对方的酒杯，表示对对方的尊敬。敬酒原则：①主人敬主宾；②陪客敬主宾；③主宾回敬；④陪客互敬。做客时不能喧宾夺主乱敬酒，那样很不礼貌，也是很不尊重主人的。

4. 小辈要给长辈敬茶，茶要倒七分满。倒茶后，茶壶嘴不要对着别人。如果别人给你倒茶，要起身说

“谢谢”，最起码食指和中指叩桌面两下以示谢意。

5. 别人请客，被要求点菜时，可以点一道自己爱吃又价位适中的菜，不要点太贵的。等候用餐时，孩子不要用筷子敲桌子，不要把筷子含在嘴里，不要用筷子当玩具打打闹闹。

6. 上菜后，长辈动筷，方可动筷。如果要给长辈、客人布菜，最好用公筷、公勺。

7. 别人夹菜时，不要转转盘，吃哪块夹哪块，不要用筷子在餐盘里乱翻。

8. 吃饭时不要吧唧嘴，要闭上嘴咀嚼。如果要剔牙，要用手遮住嘴。

9. 吃饭时如果想咳嗽或打喷嚏，要转过身，用衣袖遮住嘴。

10. 如果小辈吃完饭需要离席，要对长辈说：“爷爷奶奶我吃好了，你们慢慢吃。”

西餐礼仪

西餐的顺序：前菜、汤、主菜、甜点、咖啡。

如何使用餐巾布

在西餐礼仪中有这样一句俗语：餐桌礼仪从餐巾布开始。餐巾布通常是折叠好放在位子中间的装饰盘上，这是正式晚宴常见的餐巾摆法，如果餐巾不是放在盘子中间的位置，它就会在你的左边，而右边的餐巾是属于坐在你右边的客人的。

入座后，打开餐巾平放在大腿上，不要像围嘴一样塞到领子里。

进餐中，需要时用餐巾来擦嘴，餐巾是可以弄脏的。如果不想将餐巾弄脏，而取出自己的手帕或面纸使用，是违反用餐礼仪的。

第一个打开餐巾布的人应该是主人，这个动作宣布晚宴正式开始。

用餐时，如果你发现餐巾不见了或者被别人拿错了，请低声要求服务员再拿一条，千万不要告诉那位客人他拿了你的餐巾。

当你离开餐桌或者吃完饭时，把餐巾放在盘子的左侧，不要丢在椅子上，尽可能折叠一下，并把弄脏的部分折到里面。

如何使用刀叉

刀在西餐中用来切菜，叉用来叉菜，左手用叉子将食物按住，然后用刀把食物切开。在使用刀叉的时候，刀叉要放在大拇指和中指之间，食指用力即可，这样切起来不费力。

按照英国人的习惯，无论吃什么，都是右手用力把食物放在叉子凹面下，左手用叉叉起来吃。

但现在美国人的习惯是唯有切肉时，才用右手拿刀，左手拿叉。切完后，将刀放在碟子上，把叉子换到右手再吃，取软食物时，也可以将餐叉凹面朝上使用。

吃西餐右手拿刀，左手拿叉。

用餐没有结束，稍作休息时，刀叉呈八字形摆放。

用餐结束，平行摆放刀叉。

如何喝汤

如汤菜过热，可等稍凉后再吃，不要用嘴吹。

不可直接端碗喝汤，一定要用汤匙。

喝汤时，用汤匙从里向外舀，轻轻送入口中。

将汤匙里的汤一次喝完，不要分几次喝。

汤碗中的汤快喝完时，用左手将汤碗的外侧稍稍翘起，用汤勺舀尽即可。

吃完汤菜后，将汤匙留在放汤碗的小碟子上，如果没有碟子就直接放在汤碗中。

如何吃意大利面

意大利面是中国人常吃的西餐，吃的时候应当用叉子慢慢地将面条卷起来送入口中，最容易的方法是用勺子配合叉子来卷面条，右手持叉将面条转圈，卷成一小束，同时左手用勺顶住叉子起固定作用。注意一次不要卷太多，足够一口吃下即可。不管什么样的意大利面，切勿用汤匙来吃。

自助餐礼仪

学会排队

有些自助餐厅人多，取餐时需要排队，排队一定要从队尾排，排到餐盘处再取盘子，而不要借着取餐盘为由插到队伍中间。轮到自己取餐时不要东挑西拣，应迅速取完餐后离开摆菜桌，不要在摆菜桌附近吃东西或者聊天。

吃多少拿多少

教孩子不要一次性拿太多食物，拿太多后发现不爱吃，全部剩在盘子里，这样会很浪费，在餐桌上留下一大堆食物只能说明你的行为很不高贵。在国外，有的自助餐厅为了防止浪费，会明文规定剩余太多按一定比例处以罚款。为了避免浪费，一次可以少取一点儿，觉得好吃，可以再取。每次可以选 2 ~ 3 种食物，不要大量装走同一种菜。另外，一次性把自己的盘子装得满满的是非常失礼的举动。

取菜有讲究

不要把热菜和冷餐放在一个盘子里，每次拿取不同食物要换盘子，用过的盘子或者放到小桌上，或者让服务员收走，不要把干净的盘子摞在用过的盘子上。

吃饭时要注意交流

不要独自一个人闷头吃饭，要主动和周围的人交流。

咖啡厅和茶馆的礼仪

咖啡厅和茶馆是很多家长经常光顾的地方，人们常说去这两个地方的人素质不会太低，其实也不尽然。

无论你是和朋友见面聊天、谈事情，还是独自一人去读书、静坐，都要记住以下几点。

在咖啡厅和茶馆里聊天一定要压低音量，只要对面的人能听到就可以了，不要大声喧哗，放声大笑。

在咖啡厅和茶馆里打电话也要小声，听筒那端的人能听到就可以了，不要肆无忌惮地大声讲话，这样会破坏咖啡馆和茶馆静谧的氛围，影响周围的人。

参加比较正式的茶会千万不要浓妆艳抹，这样不符合茶室清雅的风格，也不要喷很浓的香水，因为香水味儿会掩盖茶的清香味儿，也不宜吃辛辣的食物。

别人给你敬茶时，你要说“谢谢”，不方便时可以用右手的食指和中指弯曲轻叩桌子以示谢意。如果中间要起身离开，一定要轻声缓行。

小贴士：如何喝咖啡

喝咖啡的器皿有咖啡杯、咖啡匙、碟子、装方糖和奶的器皿。

咖啡匙是专门用来搅拌咖啡的，饮用咖啡时应当把它取出来，而不是用咖啡匙舀着咖啡一匙一匙地慢慢喝，也不要用咖啡匙捣碎杯中的方糖。刚刚煮好的咖啡太热，可以用咖啡匙在杯中轻轻搅拌使之冷却，或者等待其自然冷却。用嘴试图把咖啡吹凉，是很不文雅的动作。

咖啡匙用毕，要放在碟子上，不要放在杯子里，然后端起咖啡杯慢慢饮用。用小匙舀咖啡直接送入嘴里，或端起碟子托住杯底喝咖啡，都十分失礼。除非举行酒会，或没有桌子依托时，才能端起碟子来喝。

饮咖啡时可以吃一些点心，但不要一手端着咖啡杯，一手拿着点心，吃一口、喝一口地交替进行。饮咖啡时应放下点心，吃点心时则应放下咖啡杯。

冷餐会和鸡尾酒会礼仪

参加冷餐会或鸡尾酒会可以不准时到达，迟到 5 ～ 10 分钟是允许的，一般时间是下午五六点钟到晚上 8 点钟。

鸡尾酒会以酒为主，冷餐会以餐为主。

冷餐会和鸡尾酒会一般不设座椅，目的是促使大家多走动以增进交流。所以，参加这样的活动不要把注意力集中在食物上，而应当去和更多人交谈。

有时候服务生拿着托盘在场内走动，你可以在他的托盘中拿取食物、酒水，也可以选择自己去吧台拿酒水。有的食物用牙签串着，需要你用手拿，所以小纸巾必不可少，随时擦自己的手指和嘴。

用左手拿酒杯，随时准备伸出干净的右手去和别人握手。

用完的酒杯和纸巾应当在服务生经过时递给他们，不要扔在地上。

小贴士：英式下午茶的礼仪

1. 喝下午茶的最正统时间是下午 4 点（就是俗称的 Low Tea）。

2. 在维多利亚时代，喝下午茶时男士着燕尾服，女士则着长袍。

3. 通常是由女主人着正式服装亲自为客人服务。不得已才请女佣协助，以表示对来宾的尊重。

4. 一般来讲，下午茶的专用茶为祁门红茶、大吉岭与伯爵茶、锡兰红茶。若喝奶茶，则是先加牛奶再加茶。

5. 正统的英式下午茶配的点心是用三层点心瓷盘装盛，自上而下，第一层放三明治，第二层放传统英式点心斯康，第三层则放蛋糕及水果塔，由下往上开始吃。斯康的吃法是先涂果酱，再涂奶油，吃完一口再涂下一口。

6. 点心食用礼仪。由淡而重，由咸而甜。茶点的食用顺序应该遵从味道由淡而重、由咸而甜的法则。先尝尝带点咸味的三明治，让味蕾慢慢品出食物的真味，再啜饮几口芬芳四溢的红茶。接下来是涂抹了果酱或奶油的英式松饼，让些许的甜味在口腔中慢慢散发，最后才由甜腻厚实的水果塔带你领略下午茶的高潮。

7. 严谨的态度。这是一种绅士与淑女风范的礼仪，最重要的是，当时因茶几乎仰赖中国的输入，英国人对茶品有着无与伦比的热爱与尊重，因此在喝下午茶过程中难免流露出严谨的态度。甚至为了防止茶叶被偷，还有一种上了锁的茶柜，每当下午茶时间，才委由女佣取钥匙开柜取茶。

8. 品赏精致的茶器。

9. 下午茶必备茶具。

茶杯、茶壶、多层点心盘架、点心盘、糖罐、奶盅瓶

七英寸个人点心盘、放茶渣的小碗、茶匙、托盘、滤茶器

摇铃、蕾丝桌布、果酱及奶油盘、餐具、茶渣碗、瓷器热水壶

| 小故事 |

墙上的咖啡

2013年8月，《读者》杂志上发表过一篇文章，名为《墙上的咖啡》。文中记述了2013年的一天，女记者和朋友在洛杉矶一家有名的咖啡厅闲坐，品着咖啡。这时进来一个客人，坐在她们旁边的那张桌子旁。

客人叫来服务生说："两杯咖啡，一杯贴墙上。"他点咖啡的方式令女记者新奇不已，因为她注意到只有一杯咖啡被端了上来，但那位客人却付了两杯的钱。他刚走，服务生就把一张纸贴在墙上，上面写着：一杯咖啡。

这时，又进来两个人，点了三杯咖啡，两杯放在桌子上，一杯贴在墙上。他们喝了两杯，但付了三杯的钱，然后离开了。服务生又像刚才那样在墙上贴了张纸，上面写着：一杯咖啡。

似乎这种方式是这里的常规，却令女记者感到新奇和不解。几天后，女记者又去了这家咖啡店。当她正在享受咖啡时，进来一个人，此人衣着与这家咖啡店的档次和氛围极不协调，一看就是个穷人。他坐下来，看着墙面，然后说："墙上的一杯咖啡。"服务生以惯有的姿态恭敬地给他端上咖啡。

那人喝完咖啡没结账就走了，女记者惊奇地看着这一切，只见服务生从墙上揭下一张纸，扔进了纸篓。此时，真相大白，当地居民对穷人的尊敬让女记者感动得热泪盈眶。

咖啡既不是社会的基本需要，也不是生活的必需品，对于美好的东西，很多人愿意享受却可能无力支付。咖啡厅的服务生，他在为那个穷人服务时一直面带笑容。而那位穷人，他进来时无须降低自己的尊严讨要一杯免费的咖啡，他只需看看墙上就好。

（备注:人们提前买了咖啡，让付不起账的人同样可以享受温暖。据说这开始于意大利那不勒斯,现已传遍全世界。）

面馆的一号套餐

和《墙上的咖啡》类似的故事，也发生在我们国家的河南。

2020年12月27日，河南省新乡市一家山西刀削面馆，进出的顾客都会在门口张望一番，店门上贴着的一个告示引人注目：“人在外难免遇到困难，本店可为您免费提供一碗面，不求回报，只希望您在有能力的时候可以帮助别人。只要您小声告诉店员要1号套餐就行了，找地方坐下，吃完走人。”

店主李晓颖在接受记者的采访时说，出门在外谁都有遇到难处的时候，就是想帮助一下有困难的人。1号套餐就是一碗平时卖8元的鸡丁刀削面，确实有需要的也可以加一份凉菜，店里提供的粥也可以随便喝。

从2018年开业以来，1号套餐帮助了不少有困难的人。让李晓颖记忆深刻是一位老人在她面前沉默很久，询问他是不是需要1号套餐，对方点点头，脸涨得通红。那次，李晓颖不仅给他做了一碗热气腾腾的刀削面，还特意加了一个鸡腿。对方临走时说：“好人会有好报的。”

“有困难的人，我是能看出来的。”李晓颖说，自己只是做了力所能及的事情，如果对他们能有一点点帮助，自己心里也感到非常高兴。

一家小小的面馆，一份诚挚的温暖，如果你遇到困难，需要一碗饭果腹，可以点1号套餐。

寒冷冬日，总有人在偷偷爱着你

2018年1月，河南省开封市气温只有零下6摄氏度。市民张华在外卖平台点了50份热粥，备注：就近送给除雪工人和外卖小哥。看到备注的商家又加送了10多份粥；接单的送餐员将订单分给了10个同事；外卖平台第二天全额退款，还额外奖励张华500元钱……这场爱心的接力让冬天不再冷。

2021年1月，河北省石家庄市暴发疫情时，一个署名“湖北人”的爱心人士，给一线医护人员送爱心羊汤。外卖单上备注道：“老板，石家庄天气寒冷，请为我们一线的医护人员多盛点汤。”投桃报李，湖北人民用这种方式告诉人们，他们没有忘记危难时刻全国人民的恩情。

热点话题

饭桌上的家庭教育

每家的饭桌都是不一样的，这个不一样除了饭桌上菜品的种类、味道外，还有就是饭桌上的氛围。

有的家庭吃饭时悄无声息，孩子刚想和爸爸妈妈说几句话，爸爸就会敲着碗厉声说道：“吃饭就吃饭，不要说话，说话不利于食物消化。”孩子也就只好默默地吃。在这样的家庭里，规则是最重要的，孩子也是循规蹈矩的。

有的家庭吃饭像打仗，大人飞速把饭做好，三下五除二把饭吃下去，然后各干各的，有时一家人还坐不到一起吃饭，各吃各的。这样的家庭，家庭成员互不关注，孩子是被放养的，虽然自由，但也往往是被父母忽视的。

有的家庭吃饭就像开审判会，父母会利用吃饭时间把孩子在学校里的表现盘问一遍，重点是成绩、名次。如果不理想，审判大会就此开始，孩子眼泪拌饭，憋憋屈屈把饭吃完。其实父母也知道吃饭时批评孩子时机不对，但是只有吃饭这点时间是和孩子共享的，一会儿还有一大堆作业等着呢，再说一听到那不争气的分数，就已经控制不住情绪了。我只想告诉年轻的父母们，孩子有三件事一定要让他们在放松的状态下完成，也只有在放松的状态下他们才能完成得好，那就是吃饭、睡觉、上厕所。

还有的家庭吃饭像聚会，充满温情和仪式感。无论桌上的菜品是否丰盛，总会有一两句温暖的话语伴着饭菜的香味扑面而来。他们会尽情地享受美食，并相互分享一天中所发生的有趣的事情，他们的晚饭会多花一点时间，因为他们知道吃饭不仅仅是吃饭，更是一家人相互沟通和交流感情的机会。

年轻的爸爸妈妈，你会选择哪样的饭桌教育呢？

热点话题

光盘行动

梁文道先生在《遍地的奢华与奇缺的教养》一文中说得好，奢华和教养的区别在于，一个向外——心求胜，一个向内——心求安。无时无刻不在和他人比较，自然就倾慕奢华；无时无刻不在要求自己进步，自然就有了教养。

这里我想说说在餐厅用餐后打包这件事。

有那么一个阶段，我们在餐厅吃完饭后，就算桌上剩下一大半，也从不打包，甚至会把打包的人看成是小气、没见过世面。我亲耳听到一个人说："昨天我请某某吃饭，剩下的菜他居然要打包，怎么那么小家子气，跟没吃过饭似的。"在这样的价值观引导下，很多想打包的人也不敢打包，害怕被别人嘲笑，害怕被别人瞧不起。

直到有一天，我遇到一对老夫妇才彻底改变了我的观念。那天他和夫人在一家很高档的餐厅里请我们吃饭，饭后还剩了一些水果，夫人说："打包吧。"我捡了几块好的水果放进盒子，正当我要盖上餐盒盖的时候，夫人接过餐盒，重新打开，把我留在盘子里的两颗葡萄捡起来放进餐盒。我当时都看傻了，她微笑着说："很好的葡萄，不要浪费。"

从那以后，我再没有认为打包是一件很丢人的事。吃得起那样的大餐说明生活有品质，捡得起两颗葡萄流露出的是不浪费的教养。可喜的是，自从"光盘行动"发起后，现在很少再看见饕餮大餐后的奢华浪费。珍惜粮食，从每一顿饭做起，这真是一种文明和进步的表现。

第 六 章

培养孩子的旅行礼仪

做好出行前的攻略

现如今选择自由行的年轻人越来越多，在出行前必不可少的就是先做攻略。

除了订机票和酒店这些硬性任务外，也要对你所去的目的地有所了解。除了解哪些地方好玩，哪些食物好吃外，还有当地的风俗习惯和风土人情，这样就不会因为不了解情况而感到格格不入，同时也不会让当地人觉得我们很失礼，所以旅行前做功课很重要。

候机、候车的礼仪

首先，确认所去的机场以及航站楼，不要因走错机场和航站楼而误机。

乘坐国内航班需提前 2 小时到机场，乘坐国际航班需提前

3 小时到机场办理手续。

办理登机牌：找到你所订的航空公司，到该航空公司的柜台前办理登机牌。

有些地方是机器自助办理，扫描护照、身份证或输入航班号就可自动办理。

托运行李：一般情况下一人可以托运一件行李，注意行李不要超重，否则会罚款。

护照、身份证一定不能放在托运行李里面，指甲刀和化妆品要事先放在托运行李里（携带 100 毫升以上液体过安检时无法通过）。

边防检查：把出境卡、护照一同交给边检人员，摘下墨镜和帽子，尽量与护照照片上的形象保持一致。

安全检查：随身所带的行李物品要接受安全检查。

候机：根据登机牌所显示的登机口，在候机厅候机休息。

登机：通常会在起飞前半小时登机。

边检时注意一定要站在黄线后等候，排队时要遵守“四不”原则：不贴身、不越线、不扎堆、不穿越。

安检时有时需要开箱、脱外套或鞋子反复检查，一定要有耐心，心平气和地配合安检人员的工作。

候机时可以选择候机厅里的商场逛逛，也可在咖啡厅喝咖啡，切记注意登机时间，时刻注意广播通知。也可以选择离登机口较近的座位休息，休息时切不可因劳累而脱掉鞋子，这是非常不文明的表现。即使国际航班转机很劳累，也不可以横躺在休息椅上睡觉。

登机时不要拥挤，应自觉在登机口排队。有的航空公司会让带小孩、坐轮椅的乘客先登机，然后是商务舱乘客登机，最后才是普通舱乘客登机。登机时尽快找到自己的座位坐下，切忌拥堵在过道，妨碍后面的人登机。

如果有人坐到了你的座位上，不要很直接地说："你坐在我的位子上了。"而是应该委婉地问一下："对不起，您的座位号是多少？"如果你想和别人换位子，一定要非常客气地征求对方的意见，如果遭到拒绝也很正常，不必生气，这是人家的位子，人家有这个权利。

如果你选择坐火车，同样要注意的是带好身份证，确认是哪个火车站，提前 1 小时到火车站。

在候车厅里，节假日期间人满为患，有的旅客看到没有座位可坐，就席地而坐，或直接坐在行李上，这不仅是很不雅的个人行为，也为候车厅带来不雅的景观。

乘坐交通工具的礼仪

乘坐飞机

服从乘务员的指挥，积极配合乘务员的工作。

在飞机上坐下时可以向你旁边的乘客点头示意，如果对方没有想和你聊天的意思，就不要去打扰别人。

飞机起飞时扣好安全带，将座椅靠背放直，收起小桌板，关闭手机。

不要踢前面乘客的椅背，这样会妨碍前面的乘客。

长途飞行，尽量保持安静，大声说话或者打扑克等都会妨碍他人休息。

在飞机上进餐时，把自己的座椅靠背恢复到原位，方便后面的人用餐。

很多航空公司提供的餐具、耳机、毛毯、睡衣等并非一次性用品，不可以带走，如果想带走，要征得乘务员的同意。

夜间长途飞行时，要注意调节好阅读灯，以免影响其他乘客休息。

保持卫生间清洁，不宜长时间占用卫生间。

在飞机没有完全停稳时不要急于站立和行走，这样很不安全，要等信号灯熄灭后再解开安全带。

下飞机时不要拥挤，应当有秩序地依次走出机舱。

热点话题

当你的孩子吵到别人时

在飞机上，当自己的孩子吵闹影响周围的乘客，遭到其他乘客的指责时，家长往往会有以下三种表现：

A. 对对方的指责表示不满，振振有词地质问对方："小孩子能不闹吗？你和一个小孩子计较什么呀？"随后开始争吵。

B. 觉得很没面子，开始凶孩子："让你别吵，你还吵，就是不听，你再嚷嚷，再嚷嚷抽你！"孩子哇哇大哭。

C. 首先替孩子的行为向对方道歉："不好意思，打扰到您了，抱歉抱歉。"然后抱起孩子，让孩子平静下来，用温和的语气给孩子讲道理。

你会是哪一种家长呢？

乘坐火车

国内高铁开通后，大量旅客选择乘坐高铁这一既方便又安全的交通工具，乘坐火车也要注意相应的礼仪。

火车车厢内是相对密封的空间，所以乘坐高铁时，如果不是卧铺，请不要随便脱鞋。

在车厢里不要大声喧哗。有的乘客大声聊天，声音大得整个车厢的人都能听见。虽然你不介意自己的隐私被别人听见，但别人并不想听，而且大声讲话也会影响他人休息。所以控制自己说话的音量也是对别人的尊重，不能认为自己习惯大嗓门了，就得大嗓门说话。

不要让孩子在车厢过道跑来跑去。

不要把垃圾随手扔在车厢里，要放在一个塑料袋里，等乘务员来收。

乘坐邮轮

邮轮旅行作为一种轻松、舒适的旅行方式，已经被越来越多的国人青睐，不仅适合带老人、孩子全家旅行，也符合年轻人的浪漫需求。

试想在一座漂浮在海上的宫殿里，你或徜徉在艺术殿堂里，或沉醉在歌舞表演中，或者什么都不做，只是静静地躺在甲板上任凭海风亲吻你的脸庞，不论怎样都是一种惬意的享受。

在享受邮轮旅行的时候，有哪些礼节需要我们注意呢？

■ 带好房卡

只要登上邮轮，几乎就用不上身份证和钱包了，很多邮轮上无现金支付系统，房卡是你的身份证明，也可以支付一切消费。旅行结束后，你会收到一份账单，再用信用卡支付。

■ 认真阅读邮轮指南

从早上5：00到晚上12：00，邮轮上都会安排丰富多彩的娱乐消遣活动。从早上的健身房健身，到午间的亲子活动，再到晚上的电影院播放电影，剧院里每晚精彩的主题音乐会，应有尽有。如果爱唱歌，还可以和家人、朋友相约唱卡拉OK，一展歌喉。最主要的是这一切都是免费的，已经包含在你的船票里了。

■ 在指定餐厅用餐是免费的

很多指定的餐厅提供的自助餐是免费的，只有一些特色餐厅、主题餐厅是需要付费的。

有一对老夫妇的儿子给他们买了两张很贵的邮轮票，请二老坐邮轮旅行。到吃饭的时候，二老一看餐厅的饭菜都那么贵，不舍得吃，就一直吃他们带的方便面。他们每天住在像宫殿一般的邮轮上，欣赏着海上旖旎的风光，却在房间里吃方便面。直到最后一天要下船了，服务生让他们出示船票，他们才知道原来船上的餐厅是可以免费用餐的。所以大家坐邮轮时一定要问清楚，哪些餐厅是可以免费用餐的。

穿正装参加船长晚宴

邮轮旅行是一种优雅与舒适并存的旅行，每次航行结束的前一晚都会有一场很正式的船长邀请晚宴，需要客人们着正装出席。女士穿晚礼服，男士穿西服或燕尾服都可以。

进餐厅要着装得体

所有餐厅都不可以穿短裤和拖鞋进入。

岸上活动需事先预定并牢记回船时间。

邮轮每到一个地方靠岸，组织者都会安排岸上活动。岸上活动一般都是事先预定好的，如果事先没有预定，一定要详细询问，并且牢记回船时间。不要因游玩而误了开船的时间，时间一到，船舱门就会关闭，船会驶离港口。

小贴士：常用的邮轮线路与邮轮公司

常见的邮轮线路有：日韩航线、东南亚航线、南极航线、地中海航线、爱琴海航线、加勒比海航线。

常见的邮轮公司有：皇家邮轮、丽星邮轮、歌诗达邮轮、加勒比邮轮。

住宿宾馆的礼仪

到达酒店后，先到前台办理入住手续（check in）。如果有大量行李，门童会帮助你搬运。注意有些国家需要付给门童小费，你需要事先了解一下。

如果前面有正在办理登记的旅客，应安静地等候。

入住酒店要出示身份证或护照，要用信用卡刷押金，拿到门卡后乘电梯去房间。

欧洲以G（Ground Floor）、美国以L（Lobby）表示一楼，欧洲的一楼相当于我们的二楼。

房间里有什么问题，可以拨打电话叫客房管理部（house keeping）来帮助处理。

大堂和走廊是酒店主要的公共场所，所以不可以穿睡衣、拖鞋、浴衣和泳衣出行。

爱护酒店设施，尽量不把房间弄得乱七八糟，切不可用白床单、浴巾、毛巾擦皮鞋。

切忌将内衣洗好后，挂在房间的台灯上“烘”干。

尽量做到节能环保，需要换洗的毛巾、浴巾放到指定的地方，不需要换洗的叠好、放好。

尊重服务生的劳动，特别是在美国这样的小费国家，出门前要在桌上放 1 ~ 2 美元的小费给打扫房间的服务生，因为很多服务生是靠小费生活的。

千万不要把现金和贵重物品放在房间里，你可以将其放在房间的保险箱里，但一定要设置密码。

洗发水、牙刷、信封、信纸之类的小物品可以带走，但要注意有些物品是有偿使用的。有些欧美国家是不提供牙刷、牙膏和拖鞋的。

酒店提供的自助早餐是不允许把食物带出去的，不要把酸奶、水果、鸡蛋悄悄地塞进包里，这种做法是不允许的。

酒店一般不允许在房间里洗大量衣物，如需洗大量衣物，可在写字台的抽屉里找到洗衣单，填好后，把要洗的衣物装进专门的洗衣袋，由服务员送到洗衣房。

如果晚上饿了，可以打电话叫房间服务（room service）给你送餐。

参观旅游景点的礼仪

爱护旅游观光地区的公共设施，不可乱刻、乱画，坚决杜绝在墙上刻“某某到此一游”的行为。

别人照相的时候，不要在镜头前穿过，要站在原地等人家照完再走。

在很多国家的公共场所，即使没有禁烟标志也是不可以吸烟的，除非有吸烟标志。

不可以随地吐痰，小孩不可以随地大小便。

所有垃圾都要扔到附近的垃圾箱里，如有垃圾分类的标识，要按分类标识分别扔。

不可以攀爬到雕塑上照相。

尊重各国的风俗习惯

中国人普遍认为“4”是一个不吉利的数字，因为它和“死”谐音。而西方人普遍认为“13”这个数字是凶险或不吉利的，常以“14（A）”或“12（B）”代替。若恰逢13日又是星期五，西方人更认为是“凶日”，称为“黑色的星期五”。

中国人聊天喜欢套近乎，但西方人交谈时忌讳问男士的收入和女士的年龄。

中国人没有给小费的习惯，高级餐厅会加15%的服务费。但美国是小费国家，在餐厅吃饭，住酒店时服务生帮你拉行李、清洁房间都是要给小费的。

中国人热情好客，吃饭时给客人布菜是尊重客人的表现，而西方都是分餐制。

中国人对长者喜欢用“老”尊称，从老李到李老。但你若说一个西方人老，他会很生气。

参观野生动物园的礼仪

野生动物是受到绝对保护的，即使有动物向游客走来，也不允许游客惊吓动物。切忌引诱、挑衅和戳打动物。

不要随便给动物喂食，更不要与动物进行太亲密的接触，这是对动物也是对自己的保护。

在野生动物园里，切不可下车游览，以免发生野兽吃人的惨剧。

小故事

“你怎么可以随便给我孩子东西吃？！”

这是我亲眼见到的一个场景：

一位妈妈在机场候机，她的孩子在津津有味地吃着山楂片，旁边一个3岁的孩子眼巴巴地看着，一副很馋的样子。这位妈妈马上把山楂片递给旁边这个孩子，孩子拿过来就塞进嘴里。这时3岁孩子的妈妈看见孩子在吃陌生人给的东西，十分气愤，立刻用手去抠孩子的嘴巴，让孩子吐掉，并指责这位妈妈为什么要随便给她的孩子东西吃。这位妈妈很是尴尬，一直不停地解释自己是好心。

很多国家，在没有监护人同意的情况下，是不可以随便给小孩子东西吃的。一来他们不清楚你的食品来源是否安全，二来有的孩子有各种过敏现象，比如花生过敏、面粉过敏。如果吃了不该吃的食物，有的会导致呼吸困难，甚至窒息，所以孩子入口的东西，家长会严格监管。在国外不要随便给小朋友食物吃，以避免不必要的麻烦。

第 七 章

培养孩子的家庭礼仪

新时代的家规、家风

中华民族是一个非常崇尚孝道的民族，尊老爱幼一向是我们民族的特色。我们对家、对家庭成员的在意程度要远远高于西方人。人们常说，中国人的婚姻不是一个人和另一个人的结合，而是一个家庭和另一个家庭的结合。这也正说明我们在意我们的血亲关系，我们和家族成员之间有着割舍不断的连接，所以中国才会有那么多的大家庭，也才会那么在意家庭成员之间的关系。

当然，关系层面多了，关系就会变得复杂，关系复杂了就会产生矛盾，这也很自然，不必过于担心，只要我们懂得家族关系中的“道”——亲情，再知晓一些家族关系中的“术”——礼数，我们就会把关系处得既融洽又互不侵犯。

家规：祖先留下的规矩。

家风：在规矩基础上形成的家庭风气，没有家规就没有家风。

有的孩子抱怨家里有些家规明明已经过时，还要他们恪守，让他们不能接受，给这些家规起名叫“奇葩家规”。比如过年要给长辈磕头、吃饭时不能说话、不许撸袖管、女眷不能上桌等。是的，随着时代的发展、生活的变更，很多老规矩已经不那么合时宜了。新时代要有新时代的家规、家风，比如，老人和子女要相互体谅；过年时小辈拿红包不必磕头，但要先拜年，然后双手接过红包，鞠躬道谢；吃饭时可以说话，良好的沟通是家庭和谐的重要标志；吃饭时女眷不仅可以上桌，做饭时男女最好还能一起下厨。

总之，好的家规、家风需要传承，过时的规矩需要改进，让每个家庭都能传出更和谐的笑声。

给孩子讲家族史

现在很多孩子只知道爸爸妈妈、爷爷奶奶、姥姥姥爷，对家族再往上的历史就不太了解了，并且很少有要去了解它的意识。父母也很少把了解家谱这件事当成家庭教育的一部分来告诉孩子。其实给孩子看家谱、给孩子讲祖先的故事是一个非常好的教育机会。家族教育应该是家庭教育中很重要的一部分，我们尊敬老人不仅仅是因为他们年老体弱需要人照顾，更因为他们曾经对我们的家族乃至国家作出过贡献。我们才要这样敬重他们，所以在适当的时候，让孩子了解家族史是很有必要的。与其每晚哄孩子睡觉时讲别人的故事，不如给孩子讲自己家族里真实的故事。

给孩子讲家族史，一方面可以让孩子对历史有一种很真切的感受，另一方面也会让孩子和自己的家族有很好的联结。有的家族里会有一些知名人物，孩子会为自己的祖先做过的事情感到骄傲和自豪，同时也希望自己能为家族争光。

有的年轻父母会说："我们家族的事情我也不太清楚。"是的，我们很多家庭已经丢失了写家谱的传统，那就趁父母还在，静下心来听妈妈讲那过去的事情吧。

让孩子记住长辈的生日

在礼仪夏令营里，我让孩子们说出爸爸妈妈、爷爷奶奶、姥姥姥爷的生日，结果只有 1/3 的孩子可以记住爸爸妈妈的生日，记住爷爷奶奶生日的孩子只有一个。其中有一个小女孩高高地举起手说："我知道，我知道，我妈妈的生日是 2010 年 7 月 24 日。"她说的竟然是她自己的生日。这说明什么？说明父母太爱孩子了，爱得有些忘我了。

平时我们常常会让孩子做记忆力的训练，我们会告诉孩子一定要记住爸爸妈妈的电话号码、记住家庭住址，因为防拐意识已经深入我们的脑海中。我们没有让孩子记过家长的生日，因为我们觉得这不重要。这样孩子就只记得自己的生日，长大了只会记住男朋友、女朋友的生日，而你过生日的时候，他们不会记得，你又不好意思提醒，只能自己黯然神伤。

让孩子记住父母、祖父母的生日，不断地提醒，孩子就会觉得家庭里每个成员的生日都很重要，尤其是老人的生日。长辈过生日时要准备礼物、卡片，亲自去祝寿，不能前往也要打电话表示祝贺。

记得定期去看望老人

我曾经问过很多孩子上幼儿园和小学的家长，是否定期去看望老人，他们都说没有，原因是周末都很忙，孩子要上各种兴趣班，好不容易有半天的空闲时间还得带孩子玩会儿呢，哪有时间看老人！有的人一年才去看老人一两次。为什么给孩子的时间都有，给老人的时间就没有呢？

爱孩子是一个人的本能，爱老人却是一个人的修养。如果你现在对父母不好，而只对孩子好，那么孩子长大以后很可能会效仿你们，只对他们的孩子好而不在意你，不要乐观地以为“我只要现在对他好，他将来就一定会对我好”，很多事情当你的人生轨迹还没有走到那里的时候是体会不到的，等到体会了，就怕也晚了。有句话说得好：“树欲静而风不止，子欲养而亲不待。”如果我们不能做到每周去看长辈，但起码逢年过节一定要去看望他们，看过老人之后再安排其他活动。

爱一个人最好的体现不是给他多少钱，而是给他多少时间。

营造家庭中的仪式化氛围

教孩子进门和出门时要和父母、家人打招呼：“妈妈我走了”“爸爸我回来了”，即便只有保姆在家，也要打招呼，因为人和人是平等的。我见过一个小男孩，智商非常高，但是有一个毛病，和人说话从不打称呼，而是敲着桌子说“哎，哎，你听我说”，要不就是“你把凳子给我搬过来”。后来一问，家里没有别人，就是妈妈和保姆带两个孩子，妈妈对保姆的说话方式就是后来孩子对别人的说话方式。

如果可以的话，在出门前和回来后最好可以与家人拥抱，长时间的身体接触的确可以加深彼此之间的感情。如果孩子小的时候就有和父母拥抱的习惯，青春期叛逆了，最多他不拥抱你了，但他依旧会打招呼，因为他的底线高。但那些小时候就不和家人打招呼的孩子，到了青春期可能连理都不理你。不过，拥抱不是我们中国的礼节，如果觉得别扭，也不必强求。

过年的时候一定要让孩子给老人拜年，领压岁钱时要深深地鞠躬。每年最好拍一张全家福，爸爸妈妈的生日、结婚纪念日要送鲜花或礼物、写卡片，有可能的话，每年全家人一起旅行一次。

仪式可以让人记住生命中很多温馨、美好的时刻，为他们日后独自面对生活奠定了一个情感基调，让他们学会把平淡的生活过得有情调和趣味。

探望生病的家人

很多父母非常宠爱孩子，孩子生病了会无微不至地照顾孩子，但自己生病了，或者家中老人、亲戚生病了，却不让孩子到医院探望，理由是医院里细菌多，不干净，怕孩子生病。我觉得如果不是体质特别弱的孩子，偶尔去趟医院不会怎样，要让孩子了解病人生病的痛苦，需要亲人的照顾和安慰。孩子虽然小，不能照顾亲人，但可以去探望，给予家人精神上的安慰。对生活中各种事物的了解和对各种感受的体验，也正是培养孩子情商的最好机会。

有一位妈妈和我说，她生病做了个手术，手术后家人带孩子来看望她，孩子只问了一句："妈妈，你怎么了？"之后觉得在医院待得很无聊，就一直在边上玩游戏。那位妈妈感到很伤心，后来一想，也不能怪孩子，是自己一直只告诉孩子要好好学习，从没教过他要关心别人。后来这位妈妈就让孩子在医院帮着打饭、做一些事情，她发现孩子做得很好，但如果你不教他，他就不会有这方面的意识。

所以当家里任何人生病了，都应该告诉孩子要去问候，因为他生病的时候非常希望爸爸妈妈在身边照顾，其他人也一样。

重要节日记心上

除了要记住父母的生日，还应该记住母亲节、父亲节，在这样的节日要给父母买一束花或者一个礼物，父母不在身边也要打个电话、发个视频、留条微信，要让父母知道你惦记着他们。

重阳节要给老人、长辈带去祝福。春节拿红包前一定要给家人拜年，不要说“新年好”，那是元旦时说的，要说：“爷爷、奶奶，孙子给您拜年啦！祝您身体健康，万事如意！”中秋节是家庭团圆的日子，不要安排同学聚会，一定要和家人吃饭。端午节要说端午安康。春节是家庭大团圆的时刻，无论离家多远，都要想办法回家团聚。有的心理专家说春节回家过年是父辈对晚辈的情感勒索，是向大家长权势的妥协。这点我真的不敢苟同，远离故土，远离父母，过年了难道不应该去看望一下老人吗？一年了满足一次老人的心理需求不应该吗？

现在很多节日成了商家促销的代名词，人们却忘了节日本身的意义。

兄弟姐妹要互爱

中国实行了30多年的计划生育政策，让近乎两代人几乎没有了兄弟姐妹的概念，独生子女相对来说比较以自我为中心。现在三孩政策放开了，很多家庭要了二孩或三孩，但面对多个年龄不一样的孩子，父母却不知道怎样才能做到一碗水端平，不伤害任何一个孩子。

经常给孩子灌输珍惜手足之情。很多时候，父母可以把这个主动权交给孩子，让他们单独相处，自己解决问题。父母可以远远关注，不必事事评判谁对谁错，孩子们在自然相处的过程中，会找到各自的位置。要相信孩子们的智慧，他们有权衡利弊、在关系中找平衡的能力。

家务事要共同承担

很多孩子在家不做家务。上学前家长觉得孩子年纪太小，做家务一来做不好，二来会磕着、碰着。上学后，孩子做作业、练琴的时间都不够，怎么可能让孩子做家务呢？

其实适当地做些家务对孩子是有好处的，并且有的孩子一开始很愿意做家务，只是生生被父母剥夺了做家务的权利，最后变成了五谷不分、四体不勤的“大懒虫”。我认为在孩子有兴趣做家务的时候，父母要以极大的热情鼓励孩子去做家务，并以极大的耐心容忍孩子把事情弄糟。正因为家长一次一次地宽容他打碎一个碗、洒了一盆水，才使他知道如何控制手的力度，如何做到精准，才会越来越能干。锻炼孩子做家务的唯一代价就是孩子可能会把事情做糟，但这又有什么关系呢？一两次的失败换来一个自立的孩子是值得的！不要一边唠叨孩子这也做不好，那也做不好，一边却伸手帮孩子做好了一切。

在礼仪夏令营里，我遇见一个 6 岁的孩子，我们在教室里吃完饺子，别的孩子都跑出去玩了，他却很自觉地把餐盒都收了。我问他为什么会这么做，他说在家都是他收碗，习惯了。我们要让孩子知道家是大家的，所以每一个人都要来维护，家务也是需要大家来分担的，而不是固定由某一个人做的事。

小贴士：中国的重要节日

爸爸妈妈们可以通过对中国节日的介绍，让孩子们不仅对中国的传统文化有所了解，也可以培养孩子的节日仪式感。

■ 春节

时间：农历腊月三十到正月十五

由来：相传中国古时候有一种叫“年”的怪兽，凶猛异常，长年深居海底，每到除夕才爬上岸，吞食牲畜，伤害人命。因此，每到除夕这天，人们扶老携幼逃往深山，以躲避“年”兽的伤害。

有一年除夕，从村外来了个乞讨的老人，他用红色的火光、鞭炮吓走了“年”。从此每年除夕，家家贴红对联、燃放爆竹；户户烛火通明、守更待岁。正月初一一大早，还要走亲串友道喜问好。这风俗越传越广，成了中国民间最隆重的传统节日。

礼仪习俗：

春节是我们中华民族最重要的传统节日，我们国家幅员辽阔，不同的地方过年的风俗习惯不尽相同，但有一些是相同的，并一直保留到现在。

1. 无论离家多远的人，春节一定要回家过年。

2. 年夜饭是每家过年的重头戏，无论是在饭店吃还是在家里吃，一定是家里人最全、最重要的一顿饭，这顿饭在很大程度上吃的不是饭，而是一场久别重逢的亲情。

3. 孩子给长辈拜年后，长辈会给孩子压岁钱，一般从孩子出生那年一直给到孩子工作。

4. 年夜饭后全家会围坐在一起看春节联欢晚会。

5. 当12点钟声敲响时，家家会煮饺子，寓意“子时更交”，长辈会给晚辈“压岁钱”。

6. 大年初一给亲朋好友拜年。

元宵节

时间：农历正月十五

由来：正月是农历的元月，古人称夜为“宵”，所以称正月十五为元宵节。正月十五是一年中第一个月圆之夜，也是一元复始、大地回春的夜晚，人们对此加以庆祝，也是庆贺新春的延续。

礼仪习俗：吃元宵、看花灯、看元宵晚会。元宵节过完了，这个年就算过完了，因此对在外地的打工者来说，这是一家人团聚的最后一天。

清明节

时间：公历 4 月 4 日或 5 日、6 日为清明节

由来：它是二十四节气之一，在二十四个节气中，既是节气又是节日的只有清明。清明节是在仲春与暮春之交，也就是冬至后的 108 天。

礼仪习俗：这一天大家会祭祖、扫墓、踏青。

祭祖扫墓是缅怀先辈，要相对肃穆，不要嬉笑打闹。

扫墓所选的花应该是菊花。

中秋节

时间：农历八月十五

由来：一种说法是起源于古代帝王的祭祀活动。《礼记》中记载："天子春朝日，秋夕月。"夕月就是祭月亮，说明早在春秋时代，帝王就已开始祭月、拜月了。后来贵族官吏和文人学士也相继效仿，逐步传到民间。

另一种说法是中秋节的起源和农业生产有关。秋天是收获的季节。"秋"字的解释是："庄稼成熟曰秋。"

农历八月，农作物和各种果品陆续成熟，农民为了庆祝丰收、表达喜悦的心情，就以“中秋”这天作为节日。“中秋”就是秋天中间的意思，农历的八月是秋季中间的一个月，十五日又是这个月中间的一天，所以中秋节可能是古人“秋报”流传下来的习俗。

礼仪习俗：吃月饼、赏月。

中秋节是一家团圆的日子，最好和家人在一起。

■ 国庆节

时间：公历 10 月 1 日

由来：1949 年 10 月 1 日，新中国的开国领袖毛泽东主席在北京天安门城楼上庄严宣布：“中华人民共和国中央人民政府成立了！”军乐队随即奏响了庄严的国歌《义勇军进行曲》。随着响彻云霄的国歌声，礼炮轰鸣，毛主席庄严地按下升旗电钮，新中国第一面鲜艳的五星红旗在天安门城楼前的旗杆上冉冉升起。1949 年 10 月 2 日，中央人民政府通过《关于中华人民共和国国庆日的决议》，规定每年 10 月 1 日为国庆日，并以这一天作为宣告中华人民共和国成立的日子。

从 1950 年起，每年的 10 月 1 日就成为全国各族人民隆重欢庆的节日。

习俗：现在国庆节有七天长假，大家会选择这个时机去旅游。

热点话题

给孩子过个有仪式感的春节

现在的孩子，总觉得过年没啥意思，因为它和平常的日子没有什么太大的区别，过年吃的东西平常也都能吃到。我想我们其实不如给孩子一些特殊的仪式感，让孩子感受到过春节和其他时候的不同。

第一，给家人准备礼物

这是一件很有仪式感的事情。过年的时候都是大人给小孩压岁钱，但是这些压岁钱对孩子来说意义不大。第一，它不一定都能进孩子的腰包，转手就交给父母了。第二，压岁钱都是别人给孩子，孩子感受到的都是接受的感觉，而没有付出的感受。很多时候，当你为一件事情付出很多心血时，你才会对这件事有深刻的印象，也因此格外珍惜。所以我觉得我们不妨在过年的时候，让孩子给家里的每一个成员都准备一份礼物，给爷爷买什么，给奶奶买什么，给小姨买什么，孩子在思考、选择、购买的过程中会学到很多东西，也能体会到很多感受，在送出礼物的时候他也会很在意每个人的表情，他们是满意呢还是不满意呢。

第二，和孩子一起做年夜饭

我们好像总觉得做年夜饭是大人的事情，一般都不会让孩子参与，怕孩子做不好，磕着、碰着或者烫着。其实孩子参与做年夜饭是一件特别有意思的事情，而且他还会因为参与而对某道菜印象深刻。

我记得小时候，我奶奶就会在大年三十的前一天教我做蛋饺，当时我觉得可有意思了。先在一个不锈钢的汤勺里倒一点油，勺子转一圈，再倒一勺打好的蛋液，再转一圈，然后把调好的肉馅儿放在里面，再把鸡蛋皮翻过来两边合上，用鸡蛋包的饺子就做好了。小时候每年大年三十的前一天，都要做这件事情，而且觉得特别好玩。现在40多年过去了，我们家年夜饭的餐桌上永远都有这道有蛋饺的什锦砂锅汤。

第三，拍一张全家福

说到仪式感，我们也可以每年春节在固定的时间，比如大年初一，固定的地点——照相馆或者家里，拍一张全家福。一年一张，然后把照片洗出来放在相册里。

孩子第一次拍的时候可能才5岁，后来10岁、15岁、

20 岁。照片里的人从小到大，从大变老。看到这些照片的时候他会看到自己的成长，让孩子知道，时间会流逝，很多事情会发生变化，包括我们的亲人可能会离开我们，但是这个家会延续下去，亲人之间的爱永远不会消失。

热点话题

教孩子如何面对死亡

在孩子成长过程中总会碰到“死亡”这件事，小到养的小猫、小狗、小鸡、小兔的死亡，大到养育自己的亲人的离世。在孩子感到悲伤的同时，也开启了他对死亡的思考：“人为什么会死？我会死吗？死了以后真的会去天上吗？”这些问题，孩子都有可能会问你。

如果家里有老人离世，特别是养育过孩子的老人离世，孩子会真切地意识到死亡的真实发生，那个爱自己的长辈永远地离开了，再也见不到了，一段时间内伤心、思念会一直伴随着孩子。而清明时扫墓是我们最直接地寄托哀思的方式。

当孩子懂事以后，可以用直接、平静、科学的方式向孩子解释死亡，这是对孩子进行生命教育的一部分，不可忽视。在西方很多国家都会对小学生开设生命教育课程，向孩子讲述什么是死亡，让孩子客观地看待死亡并懂得珍视自己的生命。

最初我们可以用植物来教孩子由死而生的概念，秋天树叶落了，春天新的叶子又长出来了。生命是有轮回的，由死而生是大自然的客观规律，我们无法改变这个规律，却可以选择好好地活着，好好地珍惜和爸爸妈妈在一起的美好时光。

在我们传统的印象里，坟地是个特别令人害怕的地方，里面充满阴森和恐惧。但现在，墓地却给人一种别样的感觉。现在很多墓地中都种满了鲜花，人们会来墓地看望已故的亲人。

所以，清明的时候，一定要带着孩子去扫墓，给孩子讲已故家人的故事，让孩子懂得缅怀故人，珍惜今人。

热点话题

心中的国旗、国徽

我们对国旗、国徽印象深刻的应该有两个场景：一是从上小学开始每周一举行的升旗仪式，很多孩子还有幸成为升旗手和护旗手。因此，外地的很多朋友有机会到北京后做的第一件事就是，大清早起来去天安门广场看升旗仪式，想亲眼看一下国旗班的战士是怎样升国旗的。

第二个产生深刻印象的场景应该就是奥运会。对于那些旅居海外的华人朋友来说，当中国队得了金牌，奥运赛场上升起五星红旗，奏响了中华人民共和国国歌的那一瞬间，那种骄傲和自豪是难以言表的。

我们心中有国旗，我们心中有国歌，那么作为一个有素质的中国公民，我们也应该在细节上注意。

牢记国旗的形状。2016 年里约奥运会就多次把我们的国旗图案搞错，对于此种行为一定要提出抗议并及时纠正。

无论走在哪里，如果听到国歌，看到升国旗，都要停下脚步，对国旗行注目礼。

爱护人民币，因为那上面印有国徽，不可以在发脾气时把人民币四处乱扔、撕毁人民币、在人民币上乱涂乱画，看到假币要立即上报。

第 八 章

培养孩子的校园礼仪

校园礼仪需注意

如何与老师相处

■ 问候老师

遇见老师要主动打招呼，这不是走形式，而是要发自内心地真诚问候。这种问候会让老师感受到被尊重，是对老师一天辛苦的报答和感谢。

■ 让老师先行

和老师一同出校门、教室门，要让老师先行，如果有门帘要主动为老师掀门帘。

■ 回答问题时要举手

上课回答问题时要举手，经过老师允许才可以站起来回答问题。没听懂的地方可以向老师提出来，不要害怕别人嘲笑你，可能别人和你一样没有听懂。

被老师批评要理解

在学校，孩子被老师批评是常事，孩子会产生负面情绪，如委屈、不服、愤怒。父母要告诉孩子，老师批评你是为了让你变得更好，有情绪回来可以和父母倾诉，也可以事后和老师交换意见，但绝不可以当众顶撞老师、出言不逊。

老师出错要体谅

课堂上老师有讲错的地方，和老师有不同的观点可以提出来，但态度一定要谦和，说话要有分寸，还要分场合，不要以让老师下不来台为乐，最好的办法是课后和老师探讨。父母应告诉孩子老师也是人，不是圣人，出错是正常的，老师也需要不断地学习，所以老师出错，我们要给老师留面子。

老师生病要关心

看到老师生病要关心老师，看看能帮助老师做点什么，如给老师倒杯水，把老师扶到办公室。

教师节表心意

每年的 9 月 10 日是教师节，我们可以给老师送张贺卡、写一封信、画一幅画、唱一首歌表达对老师的感谢。

毕业后看望老师

小学、中学毕业后，要经常去看望曾经教过自己的老师，这会让老师感到非常欣慰。

如何与同学相处

■ 学会倾听

有的同学在课堂上发言不对时，不要起哄、喝倒彩，要听同学把话讲完。有的同学回答问题时磕磕巴巴、不流利、声音太小，不要打断他。要学会耐心“聆听”，每个人都有把话说完的权利，课堂发言不只是那些聪明孩子的“专利”。

■ 不取笑同学

学校里一定会有一些体形特殊的同学，有的特别胖、特别瘦，有的特别高、特别矮，有的身上有胎记，有轻微伤疤。对于这样的同学，我们不可以取笑他们，而要尽自己所能帮助他们，给他们提供方便。

■ 不议论同学

不在同学背后说长道短，父母要告诉孩子，你议论别人的同时别人也在议论你。

■ 对待孤独的同学要更友善

有一些孩子性格比较内向，没有朋友，对待这样的同学要更主动、热情一点儿，他们更需要被别人点燃。

■ 不欺负同学

别人欺负你时你可以告诉老师，也可以正当防卫，但绝不可以欺负比你弱小的同学。不被人欺负是一种气场，不欺负别人是一种教养。

■ 积极配合

同学或班干部打扫卫生、出板报时要积极配合，不要阻挠，给别人的工作带来不便。

■ 帮助小同学

在校园或楼道里，看见小同学有困难主动伸出援手，让友爱的校风代代传递。

■ 尊重别人的隐私

教孩子尊重别人的隐私，不经别人允许不动别人的位兜、书包等私人物品。

参加冬令营、夏令营的礼仪

现在的孩子会随学校的乐团、合唱团等艺术团体到国外去演出，也有的同学会参加社会上的冬令营、夏令营活动。参加这样的活动，需要注意什么呢?

见到团长、老师、同学要打招呼，并积极配合老师的工作。

不要一出门就跑，要好好走路，抬头看人。

在车上不要大声喧哗，记得给年龄小的同学让座。

在食堂吃饭记得排队取餐，吃饭时保持安静。

自助餐吃多少拿多少，不可以浪费。

看演出时不可以大声喧哗、议论，不可以摇晃椅子，不可以蹬前面的椅子。

不要丢三落四，自己的东西要看管好。

遇到小同学有困难、生病了，或行李太重，要热心帮助。

对帮助过你的老师、同学、路人要由衷地表示感谢，心存感恩。

别人和你说话时要抬头看人，不能一边看手机一边点头。

热点话题

当你对孩子的老师不满意时，你该怎么办

我们对教师、医生、记者这样的职业是有内心期许的，期望他们正直、善良、有公德心，甚至希望他们是神圣的。但是他们中的大部分人是普通人，只是把自己的职业当成了一份养家糊口的工作，所以免不了有凡人的世俗好恶和脾气秉性。

做家长的应该明了，如果孩子遇到一位好老师，那是他的福分，要好好珍惜；倘若没有碰到我们理想中的老师，或者老师对孩子没有我们期待得那么好，那也在情理之中，不必心生抱怨。孩子的一生从早教班到博士班会遇到几十位甚至上百位老师，他们只是孩子生命中的过客，而父母才是孩子生命中永远的老师。

提高教师素养是全社会的事情，但教孩子如何敬重老师，如何客观地看待老师身上的缺点，如何适应各种类型、各种性格的老师，以及如何与不太喜欢自己的老师打交道却是家长要教给孩子的事情。

热点话题

你的孩子不必是艺术家，但一定要有艺术素养

古时候的人看重射箭的技艺，用射箭的礼仪来培养人们礼让和睦，爱护小孩的成长和尊敬、赡养老人的风气。现在很多孩子从小就会上各种课外班，学钢琴、学绘画、学舞蹈。但很多老师和家长更在意孩子技能的高下，孩子钢琴过了几级，素描画得如何。可

等孩子上了中学后实在抵不过文化课的压力，便又都一一放弃。因为孩子所有的学习都是为了应试，甚至孩子选择哪门乐器也是因为此乐器是冷门，报名人数少，更容易考级通过，可以给高考成绩加分，才选择的，而并非出自孩子的喜欢。这是件可悲的事情，也是为什么那么多孩子会中途放弃的原因。

其实儿童艺术素养的培养远比单纯的技能培养更重要，因为它还要教给孩子大量的艺术作品背后的知识。《吕氏春秋》中有言，大凡音乐，是从人的内心产生出来的，心中有所感受，就会在音乐中表达出来，音乐表现于外而化于内。因此，听到某一地区的音乐就可以了解它的风俗，继而知道该地区人们的志趣和德行。所以无论是音乐作品还是艺术品，都是那个时代那个地区政治、历史、宗教、文化的结合体。当孩子了解这些作品的历史背景后才会更懂如何鉴赏他们。

我们培养的不是艺术家，而是懂艺术的、可以鉴赏艺术的孩子。社会需要有天赋的艺术家，但是一个国家国民素质的高低并非取决于它有几个艺术家，更在于它的民众是否普遍都喜爱艺术，有一定的艺术鉴赏力。我曾经听一位美术老师说，她在欧洲一个美术馆里看到一对非常普通的、年迈的夫妇，两人手拉手在一幅美术作品前驻足，小声地聊了足足20分钟，而我们很多人别说聊，就是看都未必能看懂。

还有一种现象，就是孩子在某个领域技能很高，但在其他领域却一窍不通，就连最基本的常识都不懂。有的孩子钢琴可以考过九级，却没有一项体育爱好；有的孩子是奥数冠军，却在美术馆的名画前一脸茫然。的确，每个人精力有限，不可能个个都是全才，但作为一个普通的孩子，各个领域中最基本的常识要了解一些，这就是我们现在推广的“通识教育”。

接受过通识教育，有一定艺术素养的孩子起码不会乱穿衣服，起码不会在听音乐会时睡着，起码会知晓他所观看的体育比赛的比赛规则，起码在他们生气的时候会用一种更文明的方式宣泄情绪。孩子在接受通识教育的过程中，不仅培养了艺术素养、鉴赏能力，还可以在“博览”之后更加精确地找到自己真正的兴趣所在，进行深入学习。因为喜欢而去学习，这样的学习是愉悦的，这样的人生也是幸福的。

第九章

女生要懂的那些礼仪

要有好的形象

看到这个标题，很多家长会说：“哎呀，糟糕了，我的女儿脸蛋不漂亮，身材还有点儿胖，这可怎么办？”我这里说的好的形象，并不是指面容漂亮。有些女孩的五官长得非常精致，皮肤也很白皙，但是面容并不好看，为什么？因为相由心生。一个事事以自我为中心，爱拔尖，爱计较，从不关心别人，常常生气、争执、愤怒的女孩，久而久之面相就不好看了。好看不等于漂亮，无关乎五官的精致与否，而是一种舒展，不纠结，不拧巴，让人看着很舒服、很愉悦的容颜。一个人的表情是不能长时间伪装的，特别是一个孩子，所以事事计较、常常生气的女生就不会有一张好看的脸。那些心里充满友善、充满关爱的女孩，会发自内心地对别人微笑。那些心里充满阳光、充满自信的女孩，也常常会开怀大笑，爱笑的女孩最美丽。

女孩从小到大会参加各种活动、比赛，除了衣着整洁外，还要有一张好看的、会笑的脸。社会上很多人都会无意识地选择那些面容看起来舒展的人，因为那种恬静、明亮一定是来自内心的美好和善良，而这种由内向外散发出的光芒能瞬间点亮别人。

奥地利著名画家席勒曾经说过："心灵开朗的人，面孔也是开朗的。"

另外，女孩子的形体也很重要，站有站相，坐有坐相。站立的时候不驼背、弓腰，坐下的时候知道两腿并拢，走路的时候不摇头晃脑。平时穿着得体大方，不穿瘦、露、皱、透的衣服，这样一个青春美丽的女孩形象就会脱颖而出。

保持身心的干净

告诉女孩你可以不漂亮，但你一定要干净。

身体的干净

每天出门前认认真真地把脸洗干净，这一整天你都要用这张脸去面对整个世界。清洗干净后，如果天气干燥就擦一点面油、保湿霜，不要让脸、嘴唇因干燥而脱皮。衣服可以不时尚、不新，但要干净。即便是校服，穿出来也应该是清清爽爽的。

18 岁以前除非在特定的场合需要化妆，比如舞台表演，其他时候不要化妆，更不要浓妆艳抹。

房间的干净

很多女孩都会拥有一个自己的小房间，在这片属于自己的小天地里学习、睡觉、娱乐甚至发呆，但是我们常常不记得打扫它，房间里不是一片凌乱，就是等父母来打扫。会打扫房间的女孩是有条理的，行为上的条理性才会带来思维上的条理性。收拾房间记住两条，一要把房间打扫干净，二要把物品归置整齐。

心灵的干净

女孩要保持心灵的纯净，不要太世俗、太世故。纯洁并不代表幼稚、简单，什么都不懂，什么都没见过。而是见过世道的复杂、险恶后依旧保持内心向善、纯洁的一面。

修炼大气的性格

女孩有时爱斤斤计较，患得患失。“为什么老师把这个机会给她了，没有给我？”“我哪点不如她呀，如果下次老师再不评我当优秀干部，我就再不出板报了。”老师选她不选你，一定有老师的道理，只是这个道理你没有看到。记住，我们做一件事一定是从心里觉得应该这样去做，喜欢这样做才去做的。比如，出板报的原因是你愿意当宣传委员，你愿意用笔画出最美的画展现给同学们，你愿意像个小记者一样把学校的新闻报道出来。这样你就会把事情坚持做下去，而不是为了做给老师看，为了得到老师的表扬，为了得到某个奖项。太功利、太有目的性会让我们活得患得患失，相信如果你是真的用心做某件事，那么早晚会被别人看到。

另外，凡事不要总想去占小便宜，小便宜占多了，一定会吃大亏。一个处处想占小便宜的人，谁愿意和他在一起？直到有一天你发现身边没有朋友的时候，才知道原以为无人知晓的偷偷占的那些小便宜，早已被别人发现。友谊是建立在礼尚往来的基础上的，倒并不是你请我吃一顿饭，我一定要回请你，帮助、关心也是一种礼物。

女孩要学会大气，不要动不动就在背后说别人坏话，议论别人，一会儿不和这个好了，一会儿不和那个好了。要有一双发现美的眼睛，学会欣赏，学会宽容和原谅。你原谅别人不光是种美德，还是一种能力，它是一种爱的能力，会原谅别人、包容别人的人周围一定有很多朋友，因为我们每个人身上都有瑕疵。

学会保持你的快乐，不断地感恩，不断地欣赏，不断地将脸朝向有光的地方。时间长了，你自然能掌握和喜悦相处的诀窍。希望你一站出来，别人就能从你身上看到生命的温暖和光彩。

懂得孝敬父母

我们的身体里流淌着父母的血，我们是他们血脉的延续。父母是世界上和我们最亲也是最疼爱我们的人。

如果你的想法和父母的不一样，可以心平气和地对他们说出你的想法、你的要求，但不可以在父母和你说话时不理不睬，或大声顶撞，在长辈和老人面前说话一定要有礼貌和分寸。尊敬老人是我们中华民族的传统美德，而这个美德是被很多西方人羡慕和向往的。父母是带给我们生命的人，没有父母就没有我们，即使父母身上有这样那样的缺点，我们也要在心中记住父母的恩情。不爱父母就是不爱我们自己，因为我们是他们生命的延续，一个连自己都不爱的人还能做好什么呢？所以，当你发现很多事情都做不好的时候，不要着急，回过头来做一件事——爱自己的父母！

对于爷爷奶奶辈的老人，我们尊敬他们不仅因为他们年纪大了，更是因为他们创造了社会的历史、家族的历史。因为他们曾经的创造，才有我们今天的传承，所以我们要对他们报以敬畏之心。

养成读书的习惯

读书有三大好处：第一开阔眼界，第二忘掉烦恼，第三升华自己。

如果没有书籍，你的世界就是你眼前的家和学校。即便假期可以出去旅游，也不可能把大千世界尽收眼底，但书籍可以帮助你打开另一扇门，在你有限的生命里看到更多的东西。如果不读书，我们就没有很好的理解力，别人能明了的世界，我们自己却看不明白，每个人到这个世上都是走一遭，为什么不让我们的人生更加丰盈呢？

不是每个女孩都有一个幸福、温暖的家庭，有的家庭并不那么如意。可能父母更偏爱弟弟，可能自己要干很多家务活儿，可能爸爸妈妈会吵架，可能父母会对我们大吼大叫。当我们感到委屈、无助，而身边又没有人能帮我们时，最好也最便捷的办法就是阅读。书本就像一扇窗，打开它，我们就可以非常轻松并快速地从一个吵闹的、不愉快的世界翻越到另外一个宁静的、快乐的世外桃源，在方寸之间进入一个全新的世界。此等好事，何乐而不为呢？

很多时候，我们读了两本书，发现自己也没发生太大的变化，便不想继续。其实不然，读书的营养是无形的、潜在的，它潜藏在你的气质里、你的谈吐中、你的胸襟里，当然也会影响你的生活和文字。有一句话叫：“腹有诗书气自华。”这个“气”是装不出来的，它一定是日积月累地积淀。

培养生活的情趣

一个家庭有没有欢笑、有没有生机，很大程度上取决于女人，那么从小培养女孩的生活情趣就显得尤为重要了。

生活情趣来源于对生活的热爱，这份热爱除了天生的喜好外，还有后天对审美和艺术的了解与追求。

闲暇之余走出教室，去大剧院听一场交响乐，去美术馆看一次画展，去篮球馆看一场球赛，去小剧场听一次相声。在炸酱面里品出老北京的文化，在十里洋场找出老上海的腔调。在家的时候学学插花、练练烘焙，外出的时候骑骑单车、拍拍照片。

一个懂得生活情趣，追求生活品位的女孩一定是内心丰富而外在生动的。

学会温柔而坚定

很多女孩在“女神”和“女汉子”之间更青睐于“女汉子”，“女汉子”说话大大咧咧，行事风风火火，为人豪放仗义，具备更多男性品格，而对女性的专属品格——温柔却不屑一顾。我想这是源于很多女孩并未真正了解“温柔”这个词的含义。温柔绝不是装腔作势地矫揉造作，而是柔和的外表与坚定的内在最完美的结合。

很多女孩为了彰显自己的强大而表现出很强势的一面，其实强大和强势是两回事。强势是别人必须听“我”的，任何事都要“我”说了算，强势的女孩是任性和霸道的。而内心强大的女孩反而荣辱不惊，她们会因为体恤别人而包容别人的不足，她们也会因为恪守自己的底线而坚持原则。

温柔是不用激烈的情绪来表达愤怒和不满，一直好好说话，永远心平气和。

温柔是用淡定的目光来传达内心的坚定，一直勇往直前，永不动摇。

温柔是可以看到别人看不到的美好，听到别人听不到的花开。

温柔是可以接纳世间的残缺，包容所有的不完美，却绝不向邪恶低头。

温柔是一个人内心的善良，凡事不以恶意揣度他人，不以私利伤害他人。因为温柔对内是对自己习性的提升，对外则是对他人人格的尊重。

女孩要学会爱自己

在农村的一些地方，有的女孩会因自己的性别而感到自卑，其实大可不必。虽然我们是女孩，但没有任何理由可以让我们因为自己的性别而感到自卑，我们和男性地位平等。客观地说，女生只是在体力上比男生略差一些，在其他方面我们都不会比男生差，甚至优于男生，比如智力、耐力和毅力。

有一些家庭可能会有重男轻女的思想，觉得男孩是家族香火的延续，这样的想法源于在农耕社会，家中需要劳力来干活。随着社会的进步，我们已经进入信息、智能时代，男女因体力上的差别而带来的社会分工不同越来越不明显。

运动员有男的也有女的，而且出成绩的女运动员很多，像女排、女足；老师有男的也有女的，很多校长也是女士；医生、律师、记者有男的也有女的，做得好的女士不乏其人。可以说，古今中外优秀的女性数不胜数。无论是西方著名科学家居里夫人，还是获得诺贝尔奖的中国科学家屠呦呦；无论是永远代表女排精神的中国女排前总教练郎平，还是具有国际视野、优雅、睿智的杨澜，她们都是杰出女性的代表。

那么，什么样的人才能成为优秀的女性呢？

自信、有魄力、有能力，要想实现这三条，除了先天的胆识和天赋外，就是不懈地努力。

如果我们可以成为杰出的、优秀的女性，那很好，但如果我们只能成为一个普通的女性，也同样很好，只要你正直、善良、快乐、健康，只要你懂得自爱就够了。

爱自己是对一个女孩最起码的要求。因为爱自己，你才懂得珍视自己的生命；因为爱自己，你才懂得自律；因为爱自己，你才懂得展现自己人性中最闪光的一面。

不以女孩而自娇，学会自立

在城市里，很多女孩也许是因为爸爸妈妈的宠爱，也许是因为周围人的呵护，总是一副娇滴滴的模样，什么都不能做，什么都不会做，遇到事情，常常耍大小姐脾气，处处端着公主范儿。

现代社会越来越主张男女平等，当你获得更多的权利、得到更多尊重的时候，你也要为社会、为家庭作出更多的贡献，所以女孩的自尊、自强、自立、自爱尤为重要。一个独立的、有主见的，同时还可以体谅他人、给别人温暖的女性才是符合当今社会需要的女性形象。

学会自己做饭，并不一定要顿顿做给别人吃，但是有了这种技能，起码在特定的时候可以善待自己。很多留学生后来都学会了做饭，因为国外中餐馆很少，又吃不惯西餐，如果自己不会做饭，那么生活质量就会大大下降。学会做饭，是让自己过得更好的一种保障。

我们在生活中、学习上会遇到各式各样的问题，遇事不慌，马上想解决的办法是最理想的表现，无论是上网搜，还是求助别人，只要积极解决问题，不用多久，你就会变成一个生活高手。

和男孩一起出去吃饭，尽量自己付钱。如果对方愿意给你付钱，那是他的事，但你自己不可以有这样的思想：我是女孩，男孩就应该请我，就应该给我买礼物。如果男孩是一棵树，女孩应该成为站在他身旁的另一棵树，而不是攀在树干上的藤。

做一个有眼界的女孩

什么是有眼界的女孩？就是可以讲究，也可以将就。做到这两点很不容易。

没有学习和见识，不要说讲究，可能都未必见过那样的场面和阵仗。女孩心中有了讲究的目标，就会更加努力地去学习、生活。终有一天，机会来了，自己上得了厅堂，下得了厨房，说话能说到重点，穿衣能穿出品位，做事能做到完美。讲究是做事的最高目标，而将就却是做人的最好心态。

一个小女孩和妈妈以及她妈妈的朋友一起去三亚旅游，他们住在一个家庭旅馆里，小女孩环视了一下房间说：“我们怎么住在这里呀？”大人说，这里很干净，去海边也很方便。可小女孩依旧不满地说：“这里没有游泳池，没有服务生，也没有自助早餐。”小女孩在旅行中只乘坐出租车，绝不坐公交车，绝不吃大排档，绝不在小店里买东西。这样的女孩虽然有眼界，懂潮流，可是太娇气，太不能将就，太不随和。她只看到五星级酒店的奢华，却看不到小木屋的情趣；只会享受被别人服务带来的舒适，却体会不到自力更生带来的乐趣；只知道吃大餐的体面，却不了解吃路边摊的惬意。这样的人生是不完整的。

我们生活在大千世界，每个地域的文化和风土人情不一样，每个人的背景、学识、素养也不一样，如果我们一味地追求讲究的话，那么能和我们成为朋友的人就会少之又少，况且你又做不到事事讲究，将就在另一个层面上讲是包容与接纳。

讲究让女孩变得优雅、精致，将就让女孩变得大气而有涵养。

总之，女孩要学会珍爱自己。每一个女孩都是风采各异的花朵，让我们尽情地绽放，做最好的自己！

孩子，你恋爱了吗

孩子，你恋爱了吗？如果还没有，妈妈提前和你谈谈“恋爱”好吗？

你一定会觉得奇怪，我的恋爱怎么和你谈呢？

当我看到有的妈妈为儿女早恋着急、气愤、不知所措，我想倒不如提前把恋爱的道理讲给你，凡事都要打个提前量，到你恋爱时，你好受用。

恋爱其实是一种能力。真的不是每个孩子都有这种能力，否则就不会有那么多的孩子频频恋爱又频频失恋了。

恋爱真的不是一件容易事，它需要你具备很多的素质：一是要有被人爱的资本，二是要有爱别人的能力，三是要有可以承受被人拒绝的胸怀。这三点你都具备了，你就可以恋爱了。

恋爱其实是人际关系中最难的一种关系。有的孩子和一般同学相处，都处得很好，一谈恋爱就不行。初恋是一个人第一次和一个没有血缘关系的人最紧密的接触，性格中所有的毛病都会很快暴露无遗。他的缺点是不是能被对方接受，他是否能宽容对方的毛病？这一切都考验着这个孩子。一个能把恋爱谈好的人，一定是个能力很强的人。

首先，有被人爱的资本。这是恋爱的硬性条件。美丽、清纯、温柔、智慧，你都拥有了吗？记住，姿色永远是随着你生命的延续而减分的一项，而智慧却是你人生中加分的一项。琴棋书画、诗词歌赋，你精通了几样？洗衣做饭、收拾屋子，你样样都能拾起吗？孩子，如果你还没准备好，我们不急。

其次，有爱别人的能力。很多女孩子在这方面存在很大的误区，认为我喜欢哪个男孩，就意味着我有了要求他对我好的权利，就意味着我有了对他发脾气、任性的权利。孩子，不是这样的。爱别人是给予，是让对方快乐、自在。这需要一个人深层次的善良和豁达。如果你还没修炼好，那就再等等。

最后，有可以承受被人拒绝的胸怀。孩子，当你遇到心仪的男孩时，你要知道，这世上一定有比你更优秀的女孩，当你比不过别人时，就坦然地放弃。死缠烂打最不可取，你豁达的胸怀也许会让你在失去一个爱人的同时，得到一个永远的朋友。这世上没有唯一的事物，爱人也一样。当你足够明白的时候，你挑的可能不是最优秀的男孩，但一定是个不错的男孩。其实爱情美不美、日子过得好不好，在于你把它过得怎样。明白的女人什么样的日子都能过好，不明白的女人，白马王子到她手中，她也会错过。这种慧眼、这种定力、这种胸怀，非一朝一夕就能练就的。孩子，慢慢来，我们有的是时间。

如果有男孩喜欢你，那是一件值得庆幸的事，也许因为你漂亮，也许因为你可爱，也许因为你善解人意。不过孩子，别着急，只有不断学习，你的可爱才会得到升华，因为气质和能力是在学识的基础上产生的。那时你才会被更有气质、更有才华的人欣赏。恋爱不在乎谈得早、谈得多，而在乎谈得好、谈得美。

这是我在女儿 16 岁的时候给她写的一封信。

在孩子青春期的时候，父母最怕的就是两件事：男孩有网瘾，女孩早恋。

很多孩子在青春期的时候都会有一段懵懂的爱情，这段爱情大都不会修成正果，却会成为人生中最美好的一段记忆。

面对孩子的第一份情感，做父母的你准备好了吗？

把孩子的情感往美好的方向引导

父母要尊重并保护孩子的第一份感情，不要轻易地把感情与性联系在一起。你要知道，孩子的一生中或许会遇到很多次情感经历，但这一次一定是最纯洁的。

不要轻易地给孩子扣上“早恋”的帽子，更不要羞辱孩子。在这个年龄段，父母有这样那样的担心也是正常的。青春期这个特殊的阶段，孩子对性充满幻想与好奇，而网络的发达使孩子有更多的渠道了解性。这是我们和网络争夺孩子最关键的时刻，孩子的情感是需要引导的，让美好的感情战胜性的冲动。一个志趣高雅的孩子，会以诗的形式、音乐的形式来传递和宣泄他的情感，会以日记的形式、博客的形式来记录他的这份美好，会以加倍的努力和拼搏来展现他的才华与优秀。这是一种正向的动力，我们只要默默地关注并悄悄地和他分享这份甜蜜就好。细心的妈妈会发现，孩子吃吃饭会情不自禁地傻笑，看看书会发呆。恋爱中的孩子，眼神里会有一道光芒。初恋的美好会让他觉得整个世界都那么美好，以至于年老时，即使不记得自己喜欢的那个人长什么样了，也不能忘怀那段青葱岁月。

因此，理解孩子、认同孩子，正确地引导孩子才是父母该做的，只有那些内心世界非常空洞的孩子才会直接把感情和性迅速地联系起来。所以，可怕的不是爱情的来临，而是如何面对爱情。每个孩子的人性里都有善、恶两面。做父母的有义务把孩子最美好的一面激发出来并加以放大。恋爱也一样：你把它往美好的方向引导，它就会变得美好；你把它往邪恶里归纳，它就会变得邪恶。尽量培养孩子的高自尊，因为这样的孩子可以在恋爱中学会选择与克制。

父母不要防范过当

有的父母，一听到孩子早恋，便如同碰到洪水猛兽，惊恐万状，在给孩子做疏导的过程中，加入太多的负面信息。孩子听了以后，因为害怕，当时的确没有做出任何出格的事情，但这种影响却给今后的生活带来太多的负面影响。

有一个母亲害怕女儿和异性发生性关系，就对女儿说和男人发生性关系是多么痛苦、肮脏的事情。还有一个特别严厉的父亲对女儿说："如果你敢不检点，小心我用火筷子烫你。"在这样的威胁、恐吓下，很多女孩子倒是平平安安地度过了青春期，可是结婚后却遇到了严重的性心理障碍，她们一点儿都不认为性生活是一件美好的事情。还有的父亲为了让女孩对男孩有防范意识，天天警告女儿，"男孩都坏着呢"，以致女孩对异性产生了一种本能的厌恶感，很大年纪都不愿和异性接触。所以，教育不是片面的、间断的，而是持续的、全面的。

告诉失恋的孩子要爱惜自己

“其实你执意想和他做普通朋友，是因为你心里还没有放下他、没有放下这段感情。你还是想了解、关注关于他的一切。当你还有这么多的念想的时候，你们是做不了普通朋友的。算了吧，把这页翻过去吧，关注自己，关注学业。这样的结果会是两种：一是你越发出众，会有更多的男孩仰慕你；二是你越发神秘，那个曾经伤过你的男孩也会回头关注你。”

这是我对一个失恋女孩的忠告。失恋对于一个第一次恋爱的孩子来说无疑是痛苦的，并且是对孩子自尊、自信的一种打击。父母一定要守护在孩子身边，根据孩子的性格特征，用各种方式激励孩子，让孩子重新点燃对生活的激情。

另外，也是非常重要的一点，就是要告诉孩子不管在任何情况下都不可以伤害自己的身体。要懂得“身体发肤，受之父母，不敢毁伤，孝之始也”这个道理。有些孩子在极度伤心的情况下会自残、自伤甚至自杀，这是最无能和最愚蠢的表现。陪伴孩子并教给孩子一些宣泄情绪的方法，告诉他没有比生命更重要的东西，只有自身的强大和美好，才是获得异性青睐的基础。

恋爱是人生的一门重要课程，它对一个孩子今后的生活态度有很大的影响。父母千万不要错过这样一个千载难逢的教育良机，一次美好的初恋会让孩子幸福一生。

第 十 章

男生要懂的那些礼仪

如何教养男孩子

我们时常感叹，中国优秀的男人去哪儿了。其实这个问题向前追溯应该是中国的优秀少年在哪里，再向前追溯应该是培养优秀少年的父母在哪里。你们有好好地爱护和调教我们的男孩吗?

很多男孩的妈妈会有这样的困惑：儿子，我该怎样带好你？我想让你彬彬有礼，成为一个谦谦君子，又怕你没有攻击性，就算你幸运不被别人欺负，也担心今后谈恋爱时女朋友嫌你不够“man”；可是让你勇敢，教你无所畏惧，又怕你变得天不怕地不怕，天天惹是生非，还会被人指责缺少教养。

就整个社会来说，从幼儿园到小学，甚至在职场，阴盛阳衰的现象很普遍，很多时候愿意出头甚至表现更好的是女孩。男孩的妈妈该何去何从呢?

帮助孩子建立有社会担当的大格局

我们常常感叹现在的男孩太阴柔，那是因为很多妈妈把儿子当女孩养，每天除了无微不至地关怀、照顾，就是让孩子好好学习，其他什么事都不用管，真的是做到“两耳不闻窗外事，一心只读圣贤书”。

男孩以后可能会成为社会的栋梁，他们需要有大的格局、大的视野、大的情怀，以及对社会的使命感，而这些素质的培养不是一蹴而就的，而是长时间渗透在生活的方方面面、谈话的点点滴滴中。我们有多少爸爸会和儿子一起看新闻、一起探讨国内外大事？我们有多少妈妈会让孩子关注社会问题，和孩子一起做公益？你会说他还小，他不懂，他只喜欢看动画片。不是这样的！孩子的兴趣很大程度上来自父母的引导，晚饭后一起看书的家庭，孩子一定会对书有特别的兴趣。

如果我们和儿子聊天的时候多聊一些学校、家庭以外的事，多关注一些国家大事，那么孩子整天想的就不仅仅是游戏那点儿事了，并且思考问题的角度也会变得更宽泛。帮助孩子从游戏中解脱出来最好的办法就是帮助他发现更有意思的事情。而国际局势、国家大事、体育赛事等会天然地激起男孩体内的雄性激素，使他们产生兴趣。只可惜这些原本该是爸爸熏陶和影响的东西被妈妈过多地替代了。

所以，想让更多的男孩“man”起来，想培养出更多有社会担当的男孩，父亲该出手时要出手。

培养孩子守信用、有主见、负责任的品质

一个言出必行的男孩是值得信赖的，一个有责任心的男孩是值得依靠的，一个关键时刻有主见的男孩是可以委以重任的。

所以父母要给男孩更多自己拿主意的机会，哪怕一开始那个主意不那么高明，甚至糟糕透顶。但是只有拿过主意，并经常拿主意的人才能体会到做决定的乐趣，并在这个过程中学会独立思考，而不是只听别人的建议。

独立思考是一个男孩走向成熟的重要标志，而当今太多的“妈宝男”在母亲日复一日的碎碎念中丧失了这种本应有的能力。

这世上没有缺乏独立性的孩子，只有扼杀孩子独立性的父

母，也没有以自我为中心的孩子，只有以孩子为中心的父母。

让男孩拿一次主意、做一次主，无论对错都是很有意义的一件事，因为不经历犯错他不会对错误有深切的体会。经历一次说到做到，或许今后他便不再随意承诺；承担一些力所能及的事情，便会习惯操心，久而久之也就变得有责任感了。

帮助孩子建立最初的自信

自信是一个男孩的看家本领，也是拥有强大气场的最本质的东西。现在我们不说大道理，单说如何帮助一个普通男孩建立自信。

自信往往来源于两个方面：一是能把一件事情做好；二是能被很多人喜欢。有的孩子偏重前者，有的孩子偏重后者，这要因人而异。

自信不是父母要求出来的，而是父母悉心培养出来的。父母在孩子玩耍、学习中悉心观察，发现孩子的兴趣，孩子做得好的地方，哪怕只是某一方面的某一点，都应及时地鼓励他。慢慢地，孩子就会在某一方面显示出自己的天赋。孩子在有天赋的领域里比较容易获得成功，而一次次的成功体验，会使孩子的自信得到全面提升。

在人际关系方面，对于一个普通人来说，这个世界上总有一小部分人会莫名其妙地喜欢你，还有一小部分人会莫名其妙地讨厌你，剩余的一大部分人处于中立状态。如果你每天把关注点放在不喜欢你的人身上，你就会越来越难过，觉得自己为什么会那么笨、那么招人讨厌。用不了多久，你就真的会变得越来越糟糕，越来越不招人喜欢。相反，如果你把关注点放在喜欢你的那些人身上，总听他们夸赞你，你就会像有了魔法一样做得越来越好——或许你越来越有主见，或许你越来越健谈，或许你越来越会关心别人。总之，你的好会让你越来越自信，因为你看到有更多的人喜欢你。

因此，在你的能量还没有特别大的时候，一定要和喜欢你的人在一起，他们是你生命中的贵人。他们可以激发出你体内的能量，让你最终找到自信。

告诉孩子有风度是另一种酷

有些男孩表面看上去很优秀，学习成绩出众，又多才多艺，甚至还是篮球场上的“灌篮高手”，家长往往会因为培养了这样的优质男孩而感到欣慰。但是这些优秀男孩中也不乏报复心很强，只能自己好，见不得别人好，因为自己智商高而瞧不起那些不如自己聪明的同学的男孩。

这种男孩一人作战，他是一条龙；团队作战，他不仅不发挥作用，有时还可能具有反作用。因为他既不会帮助那些不如自己聪明的人，更不愿甘当绿叶去协助那些比自己更棒的人，因为他的品格里缺少善良和大气。

孩子为什么会这样？缘于大人的教育。因为平日里孩子取得好成绩给父母带来的骄傲远远大于他在学校里帮助了别人给父母带来的自豪。父母价值观的偏离导致孩子行为的偏差。多向孩子强调并让他体验帮助别人带来的快乐，而不是不断唠叨孩子“你怎么这么傻，只知道帮助别人”，告诫孩子“帮助别人会给你带来麻烦，这样会耽误学习”。

一个男孩的幸福感，除了自身的优秀外，很大程度上来自同伴的认可。在球队里为别人传球，在班级里为受欺负的同学打抱不平，体育比赛中自己失利却依然会真心地为获胜的伙伴祝贺，这些行为都会为他赢得友谊。

孩子有的时候会因为一些小情绪想退出乐队、球队或和某个朋友绝交。这时一定要提醒孩子考虑一下这种冲动行为会不会给团队、给他人带来损失和伤害，如果有，我们怎么把带来的损失降到最低。告诉孩子有风度是另一种酷！

培养孩子挣钱的能力和花钱的素养

当男孩长大成人，能够独立生存、自己养活自己，是生活要求他必须具备的本领和能力。

所以男孩就要长本事，要有挣钱的意识。但是挣到钱后是否会花，却是另一回事。不是所有的人都会花钱，钱多了对一些人来说是件危险的事情。所以在孩子还没有挣到很多钱的时候，教会孩子如何看待金钱、如何支配金钱是一件很重要的事情。

现在有的年轻人没有能力挣钱，却在心安理得地“啃老”；有的“富二代”不用挣钱，却大肆挥霍父母创造的财富。这源于对钱的认识和内在的教养。

我们除了要培养孩子挣钱的能力，还要培养孩子花钱的素养，物质的满足只是一时之快，精神的富足才是永恒的幸福。

告诉孩子说脏话不是男人的象征

男孩相对女孩来说会野一些，一句脏话不说的男孩实在是凤毛麟角。而且很多男孩在长大的过程中有两个阶段特别爱说脏话，一个是在五六岁，一个是在十一二岁。他们会觉得说脏话特酷、特男人。有些男孩本来家教很好，本意并不想说脏话，但害怕被其他同学孤立，就强迫自己也跟着说脏话。

很多东西说多了会形成习惯，会上瘾，以为说话就要带上几个脏字才叫说话，久而久之，在正式场合明知道不该说却改不过来。我曾经见过一个男舞蹈演员，记者采访他，在镜头前他一连说了八句脏话，令人大跌眼镜。

说脏话、爆粗口是一种粗鄙的行为，改变这种行为一方面靠社会大环境的影响，让文明的人越来越多，让好好说话的人越来越多，另一方面靠家庭的影响，父母使用文明的语言对孩子有非常大的影响力。一个男孩是否文明，很大程度上取决于他是否经常说脏话。告诉儿子，一个男孩同样拥有享受美好语言的权利。

教孩子有品位、不浪费，有涵养、不小气

很多家长恪守男孩要穷养、女孩要富养的原则，会尽量让男孩多吃一些苦，不会给男孩太多钱，让他们养成节俭的好习惯。但是当穷养的男孩遇到富养的女孩时，不同的价值观就会碰撞出很多冲突，富养的女孩会嘲笑穷养的男孩小气、抠门，说他们这样以后会娶不到老婆。而穷养的男孩也不会喜欢那些动不动就炫富的娇滴滴的女孩。其实不管穷养、富养，都不必刻意，我们给孩子的应该是最好的教养。

无论男孩还是女孩都该学会不浪费。在不浪费的同时，家长也要教孩子学会享受金钱带来的美好。

当我们怀着愉悦的心情享受一顿美味佳肴时，当我们穿着盛装聆听一场交响乐时，我们不会为花了这笔钱而感到惴惴不安。而当我们很有钱时，更不要有买两碗豆浆，“喝一碗、倒一碗”的心态。永远记住，钱是用来花的，不是用来省的，更不是用来挥霍的。物资匮乏的年代过去了，暴发户的时代也终将过去，我们将迎来有品位、不浪费的绅士时代。

把兴趣变成真正的热爱

刚刚结束的2022年北京冬奥会，单板滑雪男子坡面障碍项目上，17岁的中国小将苏翊鸣获得银牌。他在该项目中完成了唯一一个1800°转体的高难度动作，正如其名字一样，一鸣惊人！让无数外国网友成为他的“迷弟”“迷妹”，甚至半夜2点还在追看他的比赛。对于苏翊鸣而言，每一次突破，是背后成百上千次的练习，从夏天到冬天，科学频繁地训练，才让自己实现更大的超越。苏翊鸣说：“从1620°到1800°到1980°，听起来是180°的变化，但对我们来说，这180°的进步需要的努力很多很多。”对单板滑雪的热爱，是支持他前进的最强力量。

所以，发现孩子的兴趣，并把这种兴趣培养成真正的热爱，才会激发出孩子做好一件事的动力、毅力以及忍耐力。

对一件事情真正的热爱，也是一个孩子幸福的源泉。

告诉男孩懂得尊重女性

一说到绅士行为，最经典的一条就是“女士优先”。它体现在生活的方方面面，比如和女士一起走路时要放慢脚步，让女士走在里侧，自己走在外侧，因为马路内侧比较安全；和女士一起进、出门时，自己要先行一步为女士开门，因为有的门很重，男士的力气比较大；和女士一同就餐时，帮助女士拉椅子，让女士先入座，自己再入座，饭后应主动付款，这样会显得你比较大方；和女士一起坐大巴时，要让女士坐在靠窗户的一侧，自己坐在外侧，因为挨着窗户看外面的风景更方便；和女士一起坐电梯时，电梯门开时要用手扶住，让女士先进或先出，因为有时电梯门会夹到手；看到女士手提重物时，主动从女士手中接过来，因为男士的力气比较大；和女士约会时，如果天黑了，要送女士回家，这样比较安全。

写到这里，我想起课上有个男生提问：“我们都是人，为什么我是男生，我就要处处让着女生？这不公平。”因为在体格上，男生比女生强壮，力气大。力量要用来保护和帮助弱者，而不是欺负弱者。

这世上一定有飞扬跋扈、胡搅蛮缠的女生，她们有时会口不择言、信口雌黄，让你怒火中烧，拳头紧握。但因为你是男生，因为你在体能上占有绝对优势，所以不可以对女士动手，这是男人的底线。

另外，要在男孩小的时候对他进行尊重女性的教育。比如：和异性同学交往要保持一定的距离，不能靠得太近；上了小学以后，对喜欢的女孩，不可以用动手动脚的方式或者恶作剧的方式来表达自己的喜爱；嬉闹时不可以掀女孩的裙子，不可以辱骂女孩。

教一个男孩从小学会如何尊重女性和教一个女孩从小学会如何保护自己同等重要，这不仅是对女孩的尊重和礼貌，同样是对男孩的一种保护。因为有时男孩过界的行为会被认为是耍流氓而遭到责骂或殴打，而他自己全然不知错在哪里。

让孩子坚持一项体育运动

男孩一定要喜欢并坚持一两项运动，因为它不光能强身健体，还有很多意想不到的作用。

爱运动的男孩体形好。在拼颜值的年代，高挑的身材、健美的肌肉很重要。

爱运动的男孩更聪明。运动能促进孩子神经系统的发育，而神经系统又可以直接促进脑部发育，经常运动的孩子，手和脚的协调性很好，并且智力也会发育得比较好。

爱运动的男孩朋友多。男孩的友谊大多是在打球、运动中建立起来的，良好的球技、友善的性格、团队的精神都会帮助他获得更多的友谊。一个有朋友的男孩是幸福的。

爱运动的男孩更能成器。喜爱一项运动可能最初只是出于兴趣，但坚持一项运动却需要惊人的毅力，能坚持一两项运动的孩子具备更顽强的意志品质。

爱运动的男孩更能接受批评。因为小时候经常被教练批评，批评的结果是成绩提高、把对手打败，他更能直接体会到严厉的好处。

最后还有非常重要的一点，运动是不良情绪最好的发泄渠道。一个孩子在紧张、愤怒时，通过运动可以放松和平缓下来。

懂礼仪的男生不光是静态的，还应该是动态的。